지식인사이드: 인간관계 편

삶의 변화를 가져오는
12가지 인간관계 처방전

지식인사이드

─ 인간관계 편 ─

최명기·한석준·이헌주 지음

MIXCOFFEE

인간관계에 현실적으로
생생하게 접근하길 바라며

첫 촬영 때는 어색하게 모여 서먹서먹했지만 어느새 우리는 친밀해졌고 대화에 몰입하기 시작했습니다. 그러며 우리 사이에는 자연스러운 관계의 역학이 생겨났고 밀도 높은 공동체로 발전했죠. 그 모든 걸 어울러 콘텐츠를 만들었고 이렇게 책으로까지 나오게 되었네요. 감회가 새롭고 감개가 무량합니다.

퇴근 시간이 끝난 뒤에 모이느라 보통 밤에 촬영했고 새벽이 되어서야 끝날 때가 많았습니다. 친구가 모여 앉아 밤늦은 시간까지 이야기꽃을 피우다 보면 분위기가 무르익기 마련이죠. 깊은 이야기 속에는 '사람'이 가득하고요. 더욱이 우리의 촬영 주제는 '인간관계'입니다.

하여 우리 사이에는 촬영에 미처 담지 못한 생생하고 진솔한 사연들이 쌓여갔습니다. 주장을 잘 펼치지 못하는 사람에 관해 이야기할 땐 그때 그 고민으로 미간을 찌푸렸던 사람을 떠올렸습니다. 반드시 곁에 둬야 하는 사람에 관해 이야기할 땐 소중한 친구를 떠올리며 잠깐 웃음을 지었고요. 자존감에 관해 이야기할 땐 누군가에게 말한다고 생각하지 않고 우리 자신에게 말한다고 생각하며 숙연해지기까지 했죠.

그렇게 우리는 출연진 사이로 만났지만 어느새 서로가 서로에게 그동안 내밀하게 품고 있던 사연과 이야기를 건네기 시작했습니다.

우리는 나름 인간관계에 대해 깊은 고민을 했다고 또 많은 사람의 고민을 해결해봤다고 자부했지만, 서로의 의견이 다를 때가 있었고 합치되기도 했습니다. 덕분에 천편일률적인 이야기가 아닌 다채로운 이야기를 꽃피울 수 있었죠.

이 책은 학술서가 아닙니다. 그래서 세세한 인용 표시라던가 통계 수치, 학술적 글쓰기가 최대한 배제되어 있습니다. 대중에게 그만큼 더 다가가기 위해서죠. 그렇다고 이 책은 인간관계 자기계발서도 아닙니다.

이 책은 심리학을 기반으로 '인간관계의 실전'에 관해 논했지만 수많은 연구와 대가들의 핵심 이론이 포함되어 있습니다.

이를테면 알프레드 아들러가 말하는 열등감과 열등감 콤플렉스는 인간이 자신의 부족함을 인식하고 뛰어넘을 수 있는지와 그 모든 과제에서 회피할 것인지를 들여다보는 핵심적인 개념입니다. 독자는 수많은 선택의 갈림길에서 열등감과 열등감 콤플렉스를 구분하고 자신 있게 한 발을 뗄 수 있을 것입니다.

끌리는 말투, 호감 가는 말투 역시 마찬가지죠. 만남은 우연히 발생하지만, 그 만남을 어떻게 이어갈지는 우리에게 달려 있습니다. 어떤 말이 상대 마음의 문을 열고 상대와 친밀감, 신뢰를 쌓을 수 있을지가 생생하게 수록되어 있습니다.

함께한 이들에게 고마움을 표하고 싶네요.

최명기 원장님은 인간관계에서 어느 정점에 도달한 뒤 그 개념들을 자신만의 이론으로 섭렵해 전하는 분입니다. 그가 인간관계의 수많은 사례를 보고 어떻게 대처해야 하는지 고민해 처방하는 전문가라는 걸 방증하는 예죠.

한석준 아나운서님은 기품이 있습니다. 그는 내용과 방법을 전부 정확히 꿰고 있으면서도 경청하는 지혜를 갖고 있죠. 논리

정연하고 명석하나 무척이나 따뜻하고 통찰력이 빛납니다. 필경 엄청난 다독가일 겁니다.

저는 작은 재능밖에 없고 아직 배워야 할 게 많습니다. 두 분과 함께한 작업에서 많이 배웠고 또 함께할 수 있어서 기쁜 마음뿐입니다. 더욱이 두 분과 함께한 대화가 책으로까지 나오게 되어 더없이 깊은 영광입니다.

대한민국 최고의 지식 채널 '지식인사이드'에는 비교적 초창기 때부터 출연했습니다. 시청자분들은 주로 출연자가 얼마나 괜찮은지 보며 영상의 질을 따지실 테지만, 카메라 뒤편의 제작진이 누구냐에 따라 영상의 질은 천차만별이라고 생각합니다. 지식인사이드가 이토록 빠르게 성장한 가장 큰 비결은 다름 아닌 제작진의 수고와 노력에 있을 것입니다.

실천적인 기획력, 흥미로운 주제, 깊이 있는 내용, 매끄러운 진행, 생동감 넘치는 편집까지 그 모든 게 모여 하나의 콘텐츠로 탄생합니다. 가히 예술의 영역이죠.

이 자리를 빌어 모든 걸 총괄하신 어썸엔터테인먼트의 정재훈, 김재석 대표께 감사 인사를 드립니다. 이 모든 콘텐츠를 만든, 한국의 스티븐 스필버그 이충인 PD께도 감사 인사를 드립니다. 놀라운 재능으로 똘똘 뭉친 나수미 PD, 김시은 PD께도 고맙다는 말씀을 드리고 싶습니다.

영상과 출판은 다릅니다. 영상을 직접 찍은 사람으로서 책은 또 다른 세계라는 걸 생생하게 목격했습니다. 놀라운 영감으로 영상을 책으로 재탄생시켜주신 믹스커피의 김형욱 편집장께도 이 자리를 빌어 감사 인사를 드립니다. 핵심을 아우르는 감각적인 일러스트를 마련해주신 이유정 일러스트레이터께도 고맙다는 말씀을 드리고 싶습니다.

마지막으로 독자분들께 꼭 말씀드리고 싶습니다. 지금 이 글을 읽고 있다는 건 인간관계의 놀라운 지혜와 통찰의 세계에 들어서는 입구에 계신 것일 테죠. 영상에서 미처 접하지 못한 생생한 순간들을 마주하게 될 거라 확신합니다.

부디 이 책을 순식간에 읽지 마시길 부탁드립니다. 조금씩 읽고 반복해서 탐독하며, 다 읽으셨다면 다시 여러 번 읽으시길 부탁드립니다. 그렇게 습득한 지식과 지혜, 사람을 이해하고 마음을 움직이는 최적의 솔루션을 다양한 인간관계 속에서 적용해보고 활용해보시길 강력하게 권해드립니다. 일, 사랑, 관계를 이해하는 인간관계 처방전으로서 역할을 톡톡히 할 것입니다.

인간관계는 반응하는 게 아닙니다, 대처의 영역이죠. 이 책에는 인간관계에서 어떻게 대처하는지에 대한 현실적이고도 생생한 접근들이 눈부시게 수록되어 있습니다. 인간관계는 인생을 변화시킬 수 있고 인생을 변화시키는 건 관념이 아니라 행동입니다. 지금 씨름하고 있는, 또 더 나은 인간관계를 위한 모든 과정을 응원합니다.

2025년 2월
필진을 대표하여
이헌주

· **차례** ·

들어가며 인간관계에 현실적으로 생생하게 접근하길 바라며 004

감정이 상처가 되기 전에 해야 하는 것들
사랑받는 이기주의자

멘탈 강한 사람이 반드시 하는 5가지 행동   017

멘탈 강한 척하는 이유 018 | 강철멘탈의 특징 020 | 멘탈 강하게 만드는 법 024 |
멘탈이 무너질 때 할 수 있는 일 028 | 타인의 멘탈을 지켜준다는 것 032

자존감 낮은 사람이 자존감 높이는 7가지 방법   035

자존감 형성의 4가지 조건 036 | 자존감 높은 사람에게 끌리는 이유 039 | 자존
감 높은 사람이 쓰는 말들 041 | 자존감 높이고 유지하는 법 046 | 사랑하는 가족
의 자존감이 낮을 때 056

잘못된 '걱정 습관'을 고치는 6가지 방식   060

쓸데없었던 걱정들 061 | 쓸데없는 걱정을 하는 이유 062 | 쓸데없는 걱정이 미
치는 영향 064 | 잘못된 걱정 습관 고치는 법 067 | 걱정이 몰려올 때 해야 할 일
072

인간관계 처방전 첫 번째 076

2장

나를 올바로 세우고 단단하게 만드는 법
온전한 나로 홀로서기

'비교 지옥'에서 벗어나 나로 사는 3가지 비법   081

한국인들의 비교 문화 082 | 타자 중심적 문화에서 비롯된 것들 085 | 서로의 불행을 강요하며 살 때 087 | 비교 문화의 긍정적인 부분 091 | 내 삶의 주인이 되는 방법 092

혼자서도 당당하게 살아가는 3가지 비결   100

연락 먼저 안 하는 사람의 특징 101 | 먼저 연락하는 건 중요하지 않다 103 | 필요할 때만 찾는 관계 끊는 방법 106 | 인간관계의 특수성과 대처법 111 | 인간관계에서 현타가 올 때 113 | 혼자서도 당당하게 살아가는 비결 114

진짜 '나'를 찾아가는 5가지 방법   119

인간관계에 집착했던 경험 120 | 자연스러운 인간관계 변화 양상 121 | 인간관계가 더 나빠지지 않으려면 124 | 인간관계가 힘들 때 홀로 서는 법 126 | 인간관계의 허무함을 깨닫는 시기 130 | 진짜 '나'를 찾아가는 법 132 | 꼭 곁에 둬야 하는 친구 136

인간관계 처방전 두 번째 140

3장

성숙한 어른의 품격 있는 말하기 기술

관계의 첫 번째 스텝

'끌리는' 말투, '호감 가는' 말투의 3가지 비결　　　　145

말투가 결정하는 것들 146 | 비호감 말투의 유형들 148 | 한국인 특유의 무례한 말투 153 | 온라인 말투의 경우 155 | 호감 가는 말투로 고치는 법 156 | 호감 가는 말투의 3가지 비결 159 | 자연스럽게 대화하는 법 163

사람의 마음을 움직이는 4가지 칭찬의 기술　　　　167

오해하기 쉬운 칭찬의 표현들 168 | 마음을 움직이는 칭찬의 기술 170 | 칭찬이 독이 되는 경우 175 | 호감 가는 대화로 이끄는 노하우 179

존경받는 사람들의 5가지 표현법　　　　183

비밀을 말하고 싶은 이유 184 | 말하면 안 되는 것들_사회적으로 용인되지 않는것 187 | 말하면 안 되는 것들_상대의 부정적 감정 189 | 말하면 안 되는 것들_사생활 191 | 말하면 안 되는 것들_험담 193 | 말하면 안 되는 것들_자랑 194 | 같은 말을 다르게 받아들이는 이유 197 | 나이 들수록 존경받는 사람들의 표현법 199

인간관계 처방전 세 번째 202

4장

나를 잃지 않고 관계를 지키는 비결
관계 회복의 심리학

무례한 사람을 가볍게 상대하는 5가지 기술　207

무례한 사람과 맞닥뜨렸을 때 208 | 무례한 사람의 특징 209 | 품격을 지키는, 무례한 사람 대처법 213 | 실천 가능한, 무례한 사람 제압법 219 | 존중받는 사람이 되는 비결 224

반드시 멀리해야 할 5가지 인간 유형　228

인간관계가 끊긴 경험 229 | 웬만하면 끊어내야 하는 유형 231 | 반드시 멀리해야 할 유형 237 | 괴로운 관계를 끊어낼 최적의 타이밍 238 | 상처받지 않고 관계를 끊는 법 241 | 최악의 인간관계 마인드 243 | 과연 사람은 바뀔까? 245 | 두 발로 똑바로 서 있는 사람 249 | 나를 스스로 보호하려면 251

화목한 '가족 관계'를 맺는 6가지 비결　254

가족 간의 적당한 거리 255 | 가족 간의 의사소통이 힘든 이유 258 | 희생과 착취, 인내에 대하여 262 | 다툼 많은 가족 vs. 무관심한 가족 264 | 자녀에게 다가갈수록 멀어지는 이유 265 | 틀어진 가족 관계의 책임 268 | 사춘기 자녀와의 대화법 269 | 부모와 자녀의 올바른 관계란 272 | 틀어진 가족 관계 회복하는 법 277

인간관계 처방전 네 번째 282

1장

감정이 상처가 되기 전에 해야 하는 것들

사랑받는 이기주의자

게 있어서가 아니라 의외로 단순히, 괴롭거나 힘든 순간들을 빨리 잊는 편이에요. 그래서 루틴이 쉽게 무너지지 않죠. 루틴 중에서도 가장 중요한 건 내가 좋아하고 즐기는 행위예요.

그래서 멘탈이 강한 사람들이 가족을 굉장히 중요시하는 이유도 내게 스트레스를 준 환경에서 벗어나 집으로 돌아가 가족과 함께 시간을 보낼 수 있기 때문이죠. 가족과 함께 시간을 보내는 것 자체로 이미 스트레스에서 벗어나는 겁니다.

얼핏 생각하면 가족에 대한 책임감으로 오히려 멘탈이 흔들릴 것 같은데 그렇지 않습니다. 가족과 함께하는 데서 오는 즐거움 덕분에 멘탈이 흔들리지 않고 무너지지 않을 수 있는 거죠.

하여 가장 어렵고 힘들 때 멘탈이 흔들리지 않고 무너지지 않게 하는 것들은 굉장히 사소한 것들입니다. 잠을 잘 수 있어야 하고, 맛있는 걸 먹을 수 있어야 하며, 유튜브 영상을 보면서 낄낄댈 수 있어야 하는 거죠. 그런 사소한 루틴조차 지키지 못하고 멀리한 채 스트레스 요인을 해결하려 할 때 자칫 멘탈이 순식간에 나락으로 떨어질지 모릅니다.

그렇다고 억지로 해야 하는 건 아닙니다. 아무리 멘탈이 강하다고 해도 인간이기 때문에 너무 괴로우면 사소한 루틴을 지키지 못할 수도 있죠. 다만 괴로운 일 때문에 사소한 루틴을 지키지 못했을 때 죄책감을 느끼지 않았으면 해요. 또는 괴로운 일이 있음에도 불구하고 사소한 루틴을 지키려 하는 자신에게 죄책감을 느끼지 않았으면 합니다.

멘탈에 관련해선 원칙을 세우고 무너지지 않아야 한다고, 선을 지켜야 한다고 만사가 괜찮은 게 아닙니다. 멘탈이 무너지는 상황은 불확실해요, 누구도 예측하기 힘들죠.

멘탈이 강한 사람들은 굳세고 강하다기보다 상황에 맞춰 이리저리 움직이는 걸 스스로 인지하고 있는 겁니다. 이를테면 울다가 웃다가, 다시 울다가 웃다가 하면서 넘어가는 거죠.

이헌주 　　　멘탈이 강한 척한다는 건 겉으로는 굉장히 강해 보이고 싶지만 속에는 불안감과 두려움이 가득하다는 걸 말합니다. 반면 멘탈이 강한 사람은 겉으로는 온건해 보여도 속에는 대담함, 용기, 나아가 안전감이 있죠.

멘탈이 강한지 강한 척하는 건지는 위기와 절망이 찾아왔을 때 판가름할 수 있습니다. 예를 들어보자면 조직의 리더 중에서 모든 게 맞아떨어지며 승승장구하는 타입이 있고 어려울 때 많은 이가 찾고 의지할 만하다고 여기는 타입이 있습니다.

전자의 리더형은 큰 역경이 닥쳤을 때 우왕좌왕할 가능성이 높죠. 모든 게 맞아떨어져야 힘을 내는 타입이니까요. 반면 후자의 리더형은 큰 역경이 닥쳤을 때 당황하지 않고 다시 어떻게 해야 이 역경을 넘어설 수 있는지 적극적으로 살펴보고 실행에 옮기죠. 또 어둠이 짙고 절망스러운 상황에서도 버틸 수 있는 강인한 힘이 있습니다.

두 리더 중 멘탈이 강한 쪽은 아무래도 후자일 것입니다. 그들은 위기가 닥쳤을 때 "우리 진짜 큰일 났다, 다 끝장이야."라는 식으로 비관적인 마음을 흩뿌린다거나 누군가 한 명을 타깃으로 정해 "그때 제가 그렇게 하지 말자고 했잖아요, 왜 그러셨어요?"라는 식으로 탓한다거나 하지 않죠.

대신 현재 상황을 정확히 인지합니다. 얼마나 어려운 상황인지 인정하고 밑바닥으로 추락해 있다는 현실을 받아들이죠. 그리고 어떻게 해야 여기서 한 걸음이라도 나아갈 수 있는지 궁리하고 어디로 가야만 빛이 보일까 고민해 방향을 제시하고 스스로도 발걸음을 옮깁니다.

'회복탄력성resilience', 즉 다양한 역경·시련·실패에 대한 인식을 도약의 발판으로 삼아 더 높이 뛰어오를 수 있는 마음의 근력이 높은 사람을 멘탈이 강한 사람이라고 봐도 틀린 말은 아닐 것입니다.

최명기　　　멘탈이 강한 사람들은 자신의 불안한 모습을 내보이지 않습니다. 이를테면 거짓말 탐지기가 거짓말을 잡아낸다고 하는데, 사실은 불안을 잡아내는 겁니다. 불안 때문에 몸에 땀이 많이 나거나 가슴이 두근거리는 걸 잡아내는 거죠.

결국 멘탈이 강한 사람들은 표정이며 행동이나 분위기에서 불안이 느껴지지 않습니다.

보통 익숙한 상황에선 멘탈이 점점 강해지죠. 어렸을 때 생각해보면요, 구구단 외울 때 엄마가 지켜보고 있으면 멘탈이 무너져요. 쉽게 외울 수 있는데도 잘 안 되죠. 그런데 그런 상황을 수없이 헤쳐오니 지금은 구구단 외우기가 너무 쉬워요.

그러니 뭔가를 할 때마다 잘된다는 경험이 쌓이면 쌓일수록 멘탈은 강해집니다. 할 수 있는 게 많아지고요. 앞서 한석준 아나운서님이 언급한 서장훈 씨의 경우 이길 수 없을 것 같은 상대를 이기는 경험을 계속했기 때문에 어지간한 상황에선 무너지지 않게 단련된 겁니다. 그게 바로 경험의 힘이죠.

＼ 멘탈 강하게 만드는 법 ／

한석준　　　저의 경우 강한 척했던 시절에는 비교를 많이 했어요. 그 비교라는 게 저를 많이 갉아먹었죠. 이를테면 '저 사람보다 내가 잘할 수 있을까' '저 사람은 어떻게 잘하는 거지' '저 사람은 좋은 집에서 태어났으니 잘할 수밖에 없네' 하는 식으로 나는 온데간데없이 타인만 바라보며 나와 타인을 비교했어요.

그런 제가 어떻게 바뀔 수 있었는가 하면, **타인이 아닌 내 스스로와 비교를 하기 시작했습니다.** 어제의 나와 오늘의 나를 비교하고 오늘의 나와 내일의 나를 비교하는 식으로요. 그렇게 계속하니까 타인과 하는 비교는 의미도 없고 도움도 안 된다는 걸 깨달았죠. 반면 내 스스로와 비교하는 건 여러모로 좋더군요.

예를 들어 어제의 내가 오늘의 계획을 세우면 오늘의 내가 그 계획을 실천했는지 실천하지 않았는지 살펴보고 확인할 수 있지 않습니까. 거기에 따라 '내일은 이런 사람이 되어야지' '다음 달에는 이런 사람이 되어야지' 하며 생각하고 행동에 옮길 수 있는 거죠. 이후부터 나를 갉아먹는 타인과의 비교에서 벗어났고 타인을 보는 시선도 관대해졌습니다.

최명기　　　　보통 멘탈이 강하다거나 약하다고 간주하는 몇 가지 부분이 있습니다.

우선 멘탈이 강하다고 하면 겁이 별로 없어야 해요. 가장 중요한 부분인데, 겁이 없는 사람은 뭐든지 하면 잘될 거라고 생각하는 경향이 강합니다. 그러니 결과적으로 멘탈이 강해지죠.

또 멘탈이 강하다고 하면 항상 자신을 믿어야 해요. 뭘 하든 '나는 맞아'라고 생각하면서 내가 굉장히 잘하거니와 내가 하는 건 틀리는 법이 없다고 생각하는 거죠.

상황에 따라 멘탈이 강해지거나 약해지는 경우도 있습니다. 예를 들어 타인을 도와주는 데 지치지 않는 사람이 있어요. 그에겐 타인을 도와주고 또 견뎌내는 게 긍지거든요. 그러니 그는 회

멘탈을 강하게 하기 위한
선결 조건

사에서 직원을 해고해야 하는 상황에 직면하면 멘탈이 완전히
무너질 겁니다. 타인의 마음을 아프게 한다고 생각하면 도저히
할 수 없거든요.

그럼에도 멘탈을 강하게 하기 위해선 하나의 통일된 조건을
갖춰야 합니다. 우선 인내력이에요. 뭐라도 했을 때 버텨내는 힘

이죠. 그리고 노력이야말로 커다란 능력이고요. 그렇다면 노력이라는 커다란 능력은 어디서 나오느냐. 대체로 근면에서 나와요. 그리고 끈기가 있어야 해요. 시작했으면 끝을 맺을 수 있어야 하지 않습니까.

그렇지만 일을 시작하고 끝내려는 동기가 없으면 힘들죠. 그 동기가 바로 인내력입니다. 인내력이 강한 사람들은 겁이 날 때도 많으나 우여곡절을 겪으면서도 결국 끝마쳐요. 그래서 굉장히 약해 보이면서도 "생각보다 강하네?"라는 말을 듣곤 하죠.

하여 멘탈이 강하다는 사람들은 대체로 성실하고 인내력이 강하다는 공통점이 있어요.

이현주　　　　살아간다는 게 참 힘들지 않습니까. 모든 게 만만치 않죠. 난이도가 엄청 높은 것들도 많고요. 여러 어려움과 절망이 우리를 덮치기도 합니다. 그럴 때면 우리 삶은 혼돈으로 뒤덮이죠. 어떻게 변화할 수 있을까요? 그에 관련해 독일계 미국인 심리학자 쿠르트 레빈^{Kurt Lewin}은 말했죠.

"우리는 2가지 변화의 축을 갖고 있다. 환경과 인간."

먼저 환경을 살펴보죠. 너무 혼란하고 불안하고 혼돈스럽기까지 한 상황에 처했을 때는 내 삶을 영위하는 집, 차, 식기 등을 깨끗하게 청소해보는 겁니다. 그렇게 조금이라도 덜 불안하고 혼란스러운 환경을 조성해 그곳에 나를 둬보는 거죠.

저 역시 심리적으로 어려운 분들이 찾아오면 특별한 조치를 취하고 개입하려 하기보다 그분들이 잠을 잘 자게끔 하고 햇빛을 보게끔 하려 합니다. 즉 삶에 엄청난 혼돈이 들이닥쳤을 때면 어떻게든 풀려고 하기보다 조금 더 질서 있고 정돈된 세상으로 나가보는 게 중요합니다.

그런데 이를테면 집이 너무 좁아서 청소를 해도 바뀌지 않는다거나 집에 뭔가 너무 많다 싶으면 집착하지 말고 버릴 수 있는 모든 걸 버려야 합니다.

다른 하나의 축은 인간인데요. 사실 인간관계도 하나의 환경입니다. 내 삶에 엄청난 혼돈이 들이닥쳤을 때면 나보다 조금 더 여유롭고 조금 더 수용적이고 따뜻한 마음을 지닌 사람과 가까이할 필요가 있습니다. 새로운 환경을 조성해보는 거죠.

＼ 멘탈이 무너질 때 할 수 있는 일 ／

한석준　　　유독 멘탈이 흔들리고 자칫 무너지기까지 할 때가 있습니다. 발표, 프레젠테이션, 면접 등 남들 앞에서 자신을 드러낼 때가 특히 그런데요. 굉장히 떨리고 무섭기까지 할 테죠. 저는 그때 긴장되는 걸 두고 절대로 긴장하지 말아야겠다고 다짐하거나 억누르는 게 오히려 맞지 않다고 생각합니다.

그때는 긴장을 할 수밖에 없으니 긴장을 하냐 하지 않냐가 중요한 게 아니라 긴장을 함으로써 나타나는 일종의 부작용들이 중요한 게 아니겠습니까. 이를테면 얼굴이 빨개진다든지 말이 빨라지다 못해 더듬는다든지 하는 것들이요.

그렇다면 긴장 때문에 나타나는 부작용들은 어떻게 누그러뜨릴 수 있을까요. 가장 중요한 건 당연하게도 연습입니다. 완벽하게 습득할 정도로 연습을 거듭하고 나면 실전에서 정말 긴장될 때도 연습했던 그 시간에 의지하고 또 기댈 수 있죠. 그러니 내가 나를 의지하고 기댈 수 없을 만큼 긴장될 때도 의지하고 기댈 수 있을 만큼 연습을 해내는 게 필요합니다.

하여 저는 오히려 긴장을 해야 한다고 생각합니다. 긴장을 하지 않으면 정신이 흐트러져 최선의 결과를 도출해내지 못할 수 있기 때문이죠.

최명기　　　　멘탈이 무너지는 경우, 첫 번째는 화날 때예요. 화가 날 때는 누군가가 대상이 있는데, 그때 생각해보세요. '너도 나 때문에 화가 많이 났을 거야' 하고 말이죠.

화를 내는 사람은 자신은 화가 나는데 상대는 괜찮다고 생각하는 경향이 있습니다. 하지만 화는 대체로 상호적이기 때문에 나 혼자만 화가 나는 경우는 별로 없어요. 그러니 혼자만 화났다고 생각하지 말고 상대도 동일하게 화가 났다고 생각할 필요가 있습니다. 그러면 괜찮을 거예요.

두 번째는 무서울 때예요. 인간관계에서 가장 무서울 때를 생각해보면 '쟤가 내 뒷담화를 하고 있는 것 같은데, 사람들이 혹시 그대로 믿진 않을까?' '쟤가 나를 엄청 싫어하는 것 같은데, 혹시 나를 때리진 않을까?' '쟤가 나를 혐오하는 것 같은데, 혹시 나를 죽이진 않을까?' 같은 본능적인 공포죠.

그런데 논리적으로 생각해보면 그럴 것 같지 않거든요. 그러다 보면 도대체 왜, 무엇을 그렇게 무서워하고 있는지에 가닿고 그 누군가를 무서워할 이유가 없다는 결론에 다다르죠.

이현주   특정인 하고만 얽이면 갈등이 일어나고 급기야 그가 무서워지기까지 하는 건 나와 그 사이의 관계가 정확하고 촘촘하게 정리되어 있지 않아서인 것 같습니다. 둘 사이의 관계가 뒤엉키면서 멘탈이 흔들리고 무너지기까지 하는 상황이 벌어지는 거죠.

그때 할 수 있는 일은 **불안을 있는 그대로 들여다보고 이해하는 겁니다.** 불안은 이해하는 만큼 경감이 되거든요. 이를테면 나와 그 사이에서 일어나는 갈등의 역학 방식을 조망해보는 거죠.

우선 상대의 성향을 파악합니다. 주로 상대가 나한테 불안을 토로하고 나는 상대한테 화를 낸다고 가정해볼게요. 상대가 주로 어떤 상황에서 불안이 형성되어 토로할까를 반복되는 패턴으로 파악해보는 겁니다.

사람이 굉장히 복합적인 존재인 건 맞지만 생각할 때나 감정을 표출할 때나 행동할 때나 대인관계에서도 반복되는 패턴이 있습니다. 그 패턴을 알고 있으면 어느 정도 예측할 수 있겠죠.

예전에 권투선수한테 들은 얘기인데, 권투선수들은 맞을 때 당연히 가드를 올리지만 눈을 절대 감지 않고 뜨고 있다더군요. 그래야 상대의 공격 패턴을 읽을 수 있고 어느 정도 예측할 수 있을 테니까요. 예측이 가능하면 불안은 줄어듭니다.

그런가 하면 엄마의 잔소리는 수십 년을 들어도 힘들지 않습니까. 그런데 엄마의 잔소리는 바뀌지 않을 거예요. 한번 생각해보죠. 엄마의 잔소리가 날아오는 때는 항상 비슷해요, 패턴이 보이기 시작한다는 거죠.

즉 몇십 년 동안 똑같은 상황에서 잔소리라는 형태로 당신의 불안을 쏟아내는 거예요. 그때 '엄마의 잔소리는 엄마의 이슈지 나의 이슈는 아니구나'라는 걸 인지하는 것만으로도 그 불안에서 조금은 자유로워질 수 있고 나아가 내가 화를 낼 이유도 사라지는 거죠.

그러니 상대가 쏟아내곤 하는 불안의 실체를 알아차리는 게 중요합니다. 그럴 수만 있다면 내가 화를 낼 수 있는 토대도 무너

질 것이고요. 나와 상대 사이에서 갈등이 일어나고 급기야 무서
워지기까지 하는 상황 또한 점점 사라질 겁니다.

＼ 타인의 멘탈을 지켜준다는 것 ／

이헌주　　　부모가 자녀의 적합한 롤모델로 작동하는 게 그들
의 멘탈을 지켜주는 가장 좋은 방법이라고 생각합니다. 예를 들
어 아이한테는 공부하라고 해놓고 부모는 소파에 앉아 과자를
먹으면서 TV를 봐요.

아이가 어렸을 때는 일단 부모의 말을 들을 거예요. 그런데
아이가 더 크면 부모처럼 똑같이 소파에 앉아 과자를 먹으면서
TV를 볼 겁니다. 굉장히 적합하지 않은 롤모델의 전형이라고 할
수 있죠.

그런가 하면 아이가 책을 좋아하는 환경을 마련해주고 싶다
고 해보죠. 그때 어떻게 해야 하냐면 부모부터 시간을 정해놓고
거실에 나와 아이가 지켜보는 곳에서 책을 읽는 거예요.

아이한테 책을 읽으라고 해놓고 정작 부모는 방에 들어가버
리면, 아이는 부모가 방에서 유튜브 영상을 보는지 TV를 보는지
책을 읽는지 자는지 알 수가 없지 않습니까.

그러니 아이가 보고 느끼고 자연스레 따라 할 수 있는 곳에서

아이가 했으면 하는 행동을 해야 하는 겁니다. 그러면 굳이 아이한테 책을 읽으라고 말하지 않아도 되죠.

아이가 보는 앞에서 부모가 계속 일관된 행동을 반복할 때 아이는 자연스레 따라 할 겁니다. 부모는 아이에게 그 자체로 중요한 모델링이 되기 때문이죠.

최명기   자녀뿐만 아니라 멘탈이 흔들리는 모든 사람에게 해당될 텐데요. 그들에게 절대로 하지 말아야 할 말이 있습니다. "그렇게 힘들면 그만둬."라는 말이에요.

그 말은 당사자를 편하게 해주지 않습니다. 정작 본인이 가장 잘 알고 있을 거예요. 그만두면 좋을 것 같지만 그만두지 못한다는 걸 말이죠. 그만두고 싶지 않은 갈망과 그만두면 죽을 것 같은 두려움이 혼재되어 있기 때문입니다.

힘들면 그만두라는, 자못 따뜻해 보이는 말은 힘들어하는 그를 보는 내가 힘들기 때문에 그가 아닌 내가 힘들지 않으려고 하는 말에 불과합니다.

하여 멘탈이 흔들리지만 어떻게든 버텨보려는 사람에겐 힘들면 그만두라는 식의 말을 절대로 하면 안 됩니다. 차라리 지금 충분히 잘하고 있으니 힘내라고 응원을 해주거나 실질적인 도움을 주는 게 좋겠습니다.

이헌주　　　모든 게 잘될 때, 잘 나갈 때, 밝을 때 어울리기 좋고 함께하기 좋은 사람들이 있고요. 영혼의 어두운 밤이 임할 때, 삶의 혹독한 겨울이 닥칠 때 힘이 되어주는 사람들이 있습니다. 그런 이들이 곁에 있는 것만으로도 멘탈이 어느 정도 회복되죠.

불안이 전염된다지만, 감정 이를테면 도전감이라든지 안전감, 회복탄력성과 같은 단단한 내면도 전염이 됩니다. 그러니 타인의 멘탈을 지켜주는 건 멘탈이 튼튼한 내가 그의 곁에 있어주는 것만으로도 가능할 겁니다.

인간관계 *Key Point*

🔑 멘탈이 강한 사람은 루틴이 무너지지 않고 유지된다
🔑 위기와 절망이 찾아왔을 때 멘탈의 강약이 판가름된다
🔑 타인이 아닌 내 자신과 비교하는 게 멘탈 관리에 좋다

자존감 낮은 사람이
자존감 높이는 7가지 방법

2010년대 들어 아이를 위한 자존감, 그리고 어른을 위한 자존감 형성 훈련, 연습, 공부, 수업 등이 들불처럼 번졌습니다. 다양한 이유로 마음이 아픈 이들이 많아졌고 타인에게 드러내기 시작했기 때문인데요. 지금도 여전히 자존감은 사회를 구성하는 주요 심리학적 개념이죠. '가짜 자존감' '자존감의 병폐' 등까지 나아갔으니까요. 그럼에도 자신을 존중하고 사랑하고 가치 있는 존재라고 인식하는 건 반드시 선결되어야 하는 것 같습니다. 그렇다면 자존감은 어떻게 형성되고 또 어떻게 높일 수 있을까요?

＼ 자존감 형성의 4가지 조건 ／

이헌주　　　사람이 자신의 정체성을 인식하는 건 타인과의 관계 안에서 이뤄집니다. 우리가 세상에 태어날 때 이름이 있게 태어나는 게 아니라 이름이 없는 채로 태어나죠.

사실 제 이름도 제가 지은 게 아니라 누군가가 제 동의 없이 붙였습니다. 그런 다음 비로소 저는 이헌주로 불리죠. 저는 그걸 제 정체성의 일부로 생각하고요.

주지했다시피 저는 이름 없이 태어났지만요. 누군가가 몸도 가누지 못하는 저를 돌보고 키워낸 것입니다. 그렇게 성인이 되었고요. 비단 저뿐만 아니라 모든 인간이 마찬가지죠.

영국의 소아과 의사이자 정신분석학자 도널드 위니컷^{Donald Winnicott}이 말했습니다.

"거울보다 먼저 보는 게 바로 엄마의 얼굴이다."

내가 나를 보며 얼마나 괜찮은 사람인지 또 좋은 사람인지 확인하고 알기 전에, 엄마를 보며 나를 얼마나 반기고 또 사랑스러운 존재로 봐주는지 확인한다는 겁니다. 앞서 언급했듯 타인과의 관계 안에서 나의 토대를 쌓고 나의 위치를 정의할 수밖에 없다는 거죠.

로라의 자존감 형성 조건

조건 1 · 외모 ·	신체적 외모
조건 2 · 운동 ·	신체적/운동적 능력
조건 3 · 공부 ·	학문적 능력
조건 4 · 또래 관계 ·	사회적 능력

　자아존중감, 즉 자존감이라는 것도 인간관계의 역학에서 형성되는 개념이라고 볼 수 있겠습니다.

　애착과도 연관이 깊은데요. 예를 들어 어떤 부모가 아이에게 실질적 공급은 굉장히 잘해줍니다. 아이에게 필요한 거의 모든 걸 공급해주죠.

　그런데 그럼에도 부모가 '왜 그렇게 우니? 너는 진짜 짐이야 짐!'이라고 생각하거나 말로 내뱉으면 아이가 바로 알아챕니다. 그리고 자연스레 아이는 자신을 두고 부모의 짐일 뿐일까 생각하고 자존감으로 직결될 수 있는 거죠.

　사회적으로 자신이 어떤 존재인지를 아는 장소는 초등학교일 겁니다. 로라Laura라는 학자가 초등학교 때 자존감이 어떻게 형성되는지 언급한 바 있는데요. 크게 4가지 조건이 있습니다.

　첫 번째가 외모예요. 놀랍게도 초등학교 1학년생들조차 반에서 누가 가장 잘생겼는지 또는 예쁜지 잘 압니다. 그래도 우리 집에선 잘생기고 예쁘다는 말을 자주 들었는데, 학교에선 아닌 거예요. 부모처럼 내 편만 들어줄 사람이 어디 있겠어요.

그때 일종의 혼란을 느낍니다. 기존에 갖고 있던 생각, 믿음, 가치와 반대되는 새로운 정보를 접했을 때 정신적 스트레스를 받는 거죠.

두 번째는 운동이에요. 한국 사회는 상대적으로 덜한 편인 것 같은데 외국, 특히 서양의 경우 운동선수 또는 운동 잘하는 친구가 굉장히 인기가 많죠.

그리고 세 번째는 바로 공부예요. 학습적인 능력이죠. 성인이 되어서도 공부는 능력으로 치환되어 나타납니다. 내가 얼마나 능력 있는 사람인지 판가름하는 지렛대 역할을 하죠.

요즘 지능 검사 같은 것에 많은 관심을 두면서 내가 얼마큼 레벨이 높은 사람인지 자꾸 얘기하려는 이유가 거기에 있다고 하겠습니다.

마지막으로 네 번째는 또래 관계예요. 이를테면 수학여행을 가서 홀수면 나만 혼자 앉을까 봐 걱정하고 두려워하기까지 하지 않습니까. 그 미묘한 감정, 소외감 때문에 자존감이 떨어질 수도 있겠고 반대로 올라갈 수도 있겠죠.

\ 자존감 높은 사람에게 끌리는 이유 /

한석준   자존감이 높은 사람을 좋아하고 또 그런 사람과 가까이하고 싶은 가장 큰 이유는 나도 그렇게 되고 싶기 때문이 아닐까 싶습니다. 나도 그렇게 되고 싶거니와, 그가 좋아 보이니까 가깝게 지내고 싶은 마음이 클 테고 또 그가 좋아 보이는 면을 더 느끼고 싶은 마음도 클 것 같습니다.

최명기   자존감이 높은 사람을 정의할 때 상황이나 말에 흔들리지 않는다는 전제가 있습니다. 그래서 자존감이 높은 사람 옆에 있으면 편해요. 내가 이렇게 하든 저렇게 하든 그는 괜찮으니까요. 그런데 자존감이 낮은 사람 옆에 있으면 피곤합니다. 내가 이렇게 하면 저렇게 되고 저렇게 하면 이렇게 되니 머리가 복잡해져요.

그리고 또 한 가지를 들여다보자면요. 자존감이 높은 사람은 한 영역에서 어느 정도 이상으로 잘하고 있을 확률이 높습니다. 자존감이 높으려면 내가 속한 준거 집단에서 어느 정도 잘해야 해요. 뭐라도 잘하니까 그의 옆에 있으면 편합니다. 또 일이 잘되죠. 그렇기에 내가 어떻게 하든 흔들리지 않고 안정되며 잘하니까, 자존감이 높은 사람한테 자연스레 끌리는 겁니다.

물론 자존감이 낮다고 다 일을 못한다는 뜻은 아닙니다. 이를테면 집단 안에 있는 누군가가 집단이 요구한 바를 잘하지 못해요, 그래서 자존감이 낮은 상태예요. 그와 같이 있으면, 한 팀이 되면 일하기 힘들지 않습니까. 그는 계속 불평불만을 늘어놓을 테고 우왕좌왕하며 어쩔 줄 못할 겁니다.

함께 으쌰으쌰 열심히 해도 될까 말까 할 판에 같이 있기만 해도 피곤하다니요. 그러니 자연스레 또는 당연하게도 자존감이 낮은 사람은 피하고 가능하면 자존감이 높은 사람과 함께 있고

자존감은
통장잔고와 같다

싶으며 또 일하고 싶어 하는 겁니다.

여기서 의문이 드실 수 있을 텐데요. 자존감이라고 하는 게 외부 상황과 상관없이 내가 나를 존중하는 거라고 하지 않습니까. 그런데 자존감은 점점 쌓여가는 겁니다. '통장잔고'라고 생각하면 편하게 받아들일 수 있을 건데요.

그동안 꾸준히 성공 경험을 쌓으면서 계속 내가 나에 대해 자부심을 가지면 자존감의 통장잔고가 쌓이지 않습니까? 그러니 힘들어도 통장잔고가 든든히 뒤를 받쳐줍니다. 잔고가 조금 줄어드는 정도면 되는 거예요.

반면 어렸을 때부터 자존감이 차오르지 못하고 오히려 줄어드는 상황에 놓이면 힘든 순간이 찾아왔을 때 자존감의 통장잔고가 뒤를 받쳐주지 못합니다. 잔고랄 게 없으니까요. 조금이라도 줄어들면 큰일로 번질 수 있는 거죠.

그런 점에서 자존감의 일정 부분은 외부 상황과 상관없이 내 마음에 대한 내 가치의 통장잔고가 되는 겁니다.

＼ **자존감 높은 사람이 쓰는 말들** ／

이헌주　　　　자존감이라고 하면 스스로를 가치 있고 긍정적인 존재라고 믿으며 소중히 여기는 마음이라고 할 수 있습니다. 이를테면 굉장히 어려운 상황에 처해 정말 힘든 일이 들이닥쳐도 나의 실제는 진흙이 아니라 오히려 진흙 안에 있는 영롱한 진주라고 생각하는 시각이죠.

그런데 우리가 흔히 내뱉는 말에는 타인을 탓하는 경우도 있지만 나를 소중히 대하지 않고 나를 가치 없게 만들며 나를 부정적인 존재라고 생각하며 별 생각 없이 내뱉는 경우가 있습니다.

저를 찾아오는 내담자분들 중 "그래서 제가 뭘 하겠어요?" "제 얘기 조금만 하면 사람들이 다 저 싫어할걸요?" "그러면 아무도 저랑 어울리지 않으려 할 거예요." 같은 말을 습관적으로 하는 경우가 많아요.

그분들은 같은 말을 반복적으로 하는 경향이 있는데, 그 말 속에 숨어 있는 메아리의 기원을 찾아가보면 자신이 아니라 타인이 부정적인 메시지를 심어놓은 경우가 굉장히 많습니다. 누군가가 그분들의 심연에 뭔가를 반복해서 심어놓은 겁니다. 예를 들어 "너 자꾸 그렇게 하면 사람들이 다 너 싫어한다?" 같은 말들을 반복적으로 들으며 자란 거죠.

자존감은 관계의 역학 속에서 만들어집니다. 아이든 어른이든 부모의 얼굴에서 자신의 존재를 확인하죠. 그러니까 내가 얼마나 소중한 존재이고 가치 있는 존재이고 또 그 자체로 긍정적인 존재라는 걸 어떻게 확인할 수 있느냐 하면, 타인과의 관계 역학 속에서 내가 얼마나 지지받고 있는지 또 얼마큼 긍정적인 존

나를 행복하게 하는 것들로
가득 채우기

에 있지만 정작 나는 뒷자리에서 서성인다면 자존감을 높일 기
회가 없을 겁니다.

자존감이 높은 사람들을 보면 좋으면 좋다 싫으면 싫다고 가
감 없이 말하지 않습니까. 다정한 면도 있겠지만 결코 쉬운 사람
은 아니라는 거죠. 자존감이 낮은 사람이 거기까지 하긴 힘들겠

지만 그래도 해볼 수 있는 건 나를 사랑할 수 있는 시간과 공간을 리추얼(ritual, 규칙적으로 행하는 의식)처럼 갖는 거예요. 이를테면 **내게 가장 좋고 나를 가장 사랑할 수 있고 나를 돌볼 수 있는 시간과 공간을 마련해보는 겁니다.** 그건 절대 이기심이 아니에요.

저의 경우 좋아하는 음악과 마음이 편안해지는 향초, 그리고 좋아하는 커피 한잔을 마십니다. 좋아하는 쿠키를 곁들이기도 하고요. 또는 산책을 간다든지 좋아하는 책을 본다든지 합니다. 게임을 좋아해서 게임을 하기도 해요.

그렇게 아침에 일어나면 좋아하는 걸 가장 먼저, 루틴으로 하는 것도 좋습니다. 오늘의 첫 순간을 좋아하는 것들로 가득 채우는 건 곧 나를 사랑하는 게 아닐까요.

우울하다고 하는 건 행복해지고 싶다는 방증이 아닐까 생각해봅니다. 내가 미움받는 존재라고 강하게 어필하는 건 오히려 사랑받고 싶다는 말이 아닐까 싶습니다.

그러니 나 자신을 먼저 사랑해보는 연습이 중요하다고 생각합니다. 그렇게 자존감을 높일 수 있을 겁니다.

최명기   자존감을 높이는 법은 간단합니다.

첫 번째로 자존감과 관련이 없는데 자꾸 자존감과 관련이 있다고 엮어 생각하면 안 된다는 겁니다. 이를테면 아이들 중에서 타인과 말을 섞는 걸 싫어하는 경우가 있어요. 그런데 부모는 아이가 자존감이 낮다고 생각하기 일쑤예요. 자존감이 낮아서 타인과 말을 섞지 못한다고 생각하는 거죠.

사실은 그냥 싫은 겁니다. 자존감이 낮아서가 아니라 그냥 싫은 거예요, 불편하니까요. 타인과 말을 잘 섞거나 대중 앞에서 말을 잘한다고 자존감이 높은 건 아닌데 말이죠. 그러니 자존감이 낮지 않은 사람을 두고 모종의 이유로 자존감이 낮다고 착각하지 말아야 합니다.

두 번째로 내 안에 자존감이 독립적인 잔고로 아무리 많이 쌓여 있더라도 실패를 반복하면 빠져나간다는 걸 알아야 합니다. 반대로 잘하면 잘할수록 자존감은 올라가고요.

인간이 하는 일은 4가지로 나뉜다고 봅니다. 좋아하면서 잘하는 일, 못하면서 싫어하는 일, 싫어하는데 잘하는 일, 좋아하는데 못하는 일.

싫어하는데 잘하는 일의 경우 애초에 하기가 싫어요. 좋아하는데 못하는 일의 경우 계속하지만 계속 실패해요. 자존감이 낮아집니다. 나는 잘하는 게 없다고 생각해요. 결국 잘하는 걸 좋아하도록 노력하죠. 그러니 못하는 건 하지 않는 게 좋습니다.

자존감이 낮아졌다고 느낄 때 어떻게 해야 할까요? 못하는 걸 잘하고 싶어 한다고 자존감이 올라간다고 착각하곤 합니다. 그래서 매일같이 영어 회화를 배워요. 또 다이어트도 1년 내내 하죠. 다이어트의 경우 숫자로 바로 나오지 않습니까. 몸무게가 낮아지면 자존감이 올라가고 몸무게가 올라가면 자존감이 낮아져요. 성공과 실패를 반복하는데 실패한다고 느끼죠.

그러니까 못하는데 잘하고 싶어 하는 것, 못하는데 좋아하는 것으로 자존감을 계측하면 안 됩니다.

세 번째로 내가 아무것도 할 수 없는 수동적인 위치에선 자존감이 하락할 수밖에 없다는 걸 알아야 합니다. 할 수 있다고 생각하면 자존감은 높아져요.

이를테면 개인적으로 믿고 싶지 않지만 성형수술은 자존감을 높입니다. 외모에서 약점이라고 생각하는 부분을 콕 집어 성형을 하면 자존감이 굉장히 높아질 수 있는 거죠. 얼굴이 못생겼다고 생각해 너무나도 우울한데 성형수술로 그 부분을 상쇄시킬 수 있다면, 아무것도 하지 않는 것보다 성형수술을 하는 게 훨씬 나을 거예요. 가시적인 성취로 이어지니까요.

그러니 아무것도 할 수 없다고 생각할 때 자존감이 낮아지는 겁니다. '나'는 환경의 종속변수가 아니라 독립변수예요. 환경에 의해 본래의 의미를 잃지 않고 환경으로부터 독립되어 본래의 의미를 유지할 수 있다는 거죠.

나를 부정적으로 생각하면서 내 자존감을 깎는 환경으로부터 떠나는 것도 생각해볼 필요가 있습니다. 자존감이 높아질 수 있는 여지를 만드는 거예요. 뭐라도 하면 자존감은 높아질 테지만 아무것도 하지 못한다고 생각하면 자존감은 낮아질 거예요.

이현주　　　그런 분들 계시죠. 불편한 얘기를 꺼내기 힘들어하는 분, 거절하기 힘들어하는 분이요. 그런 분들은 간단한 것부터 시작해보면 좋을 것 같습니다. **불편한 얘기를 꺼내는 건 힘들어도 좋아하는 얘기를 꺼내는 건 가능하지 않을까요.**

　예를 들어 내가 남편과 자녀 둘이 있는 아내이자 엄마예요. 남편과 두 자녀 모두 불고기 피자를 좋아해요. 그래서 피자를 먹을 때면 항상 불고기 피자를 먹죠. 그런데 사실 나는 불고기 피자가 아닌 페퍼로니 피자를 좋아해요. 언젠가 한 번 '나를 소중하게 대하고 나를 좀 더 사랑해보는 연습을 하자' 싶어서 첫 연습으로 불고기 피자가 아닌 페퍼로니 피자를 시켰어요.

　그때 남편이 오더니 "당신이 좋아하는 페퍼로니 피자 시켰지?"라고 몰아붙이듯 말하는 겁니다. 그럴 때 보통은 핑계를 댑니다. "내가 좋아서 시킨 게 아니야. 페퍼로니 피자가 할인하고 있다고 해서 시킨 거야. 그리고 불고기 피자 파는 곳이 지금 문을 닫았어."라면서 말이죠. 내가 좋아하는 걸 하면 안 될 것 같거든요. 그런데 바로 그때 말해야 합니다. "맞아. 내가 좋아해서 시켰어. 페퍼로니 피자 먹고 싶거든." 하고 말이죠.

　막상 해보면 별 게 아니에요. 고기도 먹어본 사람이 잘 먹는다고, 남들이 좋아하는 게 아니라 내가 좋아하는 걸 하는 연습을 하다 보면 나의 욕구를 표현하는 것도 늘 겁니다. 보통 이타심과 이기심을 서로 반대말로 쓰는 경우가 많죠. 저는 그 쓰임을 달리

해야 한다고 생각합니다. 이타심, 이기심이라고 표현하지 말고 자기 사랑, 타인 사랑이라고 표현하면 좋을 것 같아요.

자기 사랑이 충분한 상태에서 자기 사랑이 넘쳐 비로소 타인 사랑으로 갈 수 있다는 것. 즉 이타심과 이기심은 반대말이 아니라 상호보완적인 말이죠. 자신을 충분히 소중히 대하면서 사랑할 수 있는 토대 위에서 타인과도 상호적으로 자존감을 높일 수 있고 그런 관계가 진정으로 좋은 관계라고 생각합니다.

한석준　　　이헌주 교수님께서 하신 말씀 너무 좋습니다. 다만 애초에 불편한 얘기를 꺼내기 힘들어하는 분이 불편한 얘기를 꺼내보는 건 너무나도 어려워요. 또 평소 미안하다는 말, 고맙다는 말, 거절하는 말, 당당한 요구 같은 걸 힘들어하고 해본 적 없는 사람이 막상 해보는 게 너무나도 힘들죠. 그래서 저는 **그런 분들에게 권하길 3단계로 나눠 해보라고 합니다.**

1단계의 대상은 가족이나 가장 친한 친구입니다. 그들에게 "지금부터 내가 원하는 걸 당당하게 표현하는 사람이 되고 싶어, 그러니까 도와줘."라고 선언하는 거예요. 그래도 그들은 내 편을 들어줄 가능성이 가장 높은 사람들이지 않습니까.

이를테면 "커피 한잔 할래?" 하고 물었을 때 "아니, 지금은 우유를 마시고 싶어."라고 답하는 것처럼 아무리 사소한 거라도 당당하게 요구하고 표현하는 연습을 하는 거예요.

지식인사이드: 인간관계 편

그렇게 1단계의 대상으로 충분히 연습을 하고 난 후에는 2단계로 전혀 모르는 사람한테 말하는 겁니다. 예를 들어 처음 가본 곳의 편의점이나 카페, 버스 기사 등 다시 볼 것 같지 않은 사람에게 원하는 바를 당당하게 표현하는 겁니다.

그리고 3단계에 이르러 비로소 어려운 인간관계들, 이를테면 학교 친구들이나 직장 동료들한테 표현할 수 있을 거예요.

왜 이렇게 3단계를 차근차근 거치는 게 필요하냐면, 누구나 쉽게 "거절해도 돼, 원하는 말을 해도 돼."라고 말하지만 평소 하지 않던 사람들에겐 그게 너무나도 힘들기 때문에 우선 자신의 편으로 한껏 자신을 도와줄 수 있고 지지해줄 수 있는 사람들한테 도움을 청해야 한다는 거죠.

자기 표현을 잘하지 못하는 분들 중 상당수가 원하는 걸 당당하게 표현하기 어려워하거나 거절하지 못하는 걸 오히려 당당하게 말합니다. 이를테면 "나는 거절 같은 거 잘 못해." "나는 싫은 소리 같은 거 잘 못해."처럼요.

싫은 소리 못하는 것 자체가 착한 사람이잖아요. 착한 사람은 좋은 사람이고요, 나는 좋은 사람이니까요. 그래서 자신을 두고 거절을 잘한다고 당당하게 말하는 사람은 많지 않지만 자신을 두고 거절을 잘 못한다고 말하는 사람은 굉장히 많습니다.

저는 그런 표현을 삼가면 좋겠어요. 그렇게 말하는 거, 결코 자랑이 아닙니다.

최명기   자존감을 유지하는 방법이 있습니다. 가장 잘하는 게 한두 가지 있으면 됩니다. 예를 들어 영화 제목을 굉장히 많이 아는 사람이 있어요. 그에겐 영화 제목을 굉장히 많이 알고 있다는 게 자존감의 커다란 근거예요. 그것 하나만으로도 '너희가 아무리 잘났다지만 영화는 내가 가장 잘 알아'라고 생각하는 거죠.

세상이 우리한테 부여한 일반적 개념 '이런 사람은 자존감이 높을 거야'와 상관없이 나만의 자존감 계측치가 있어야 합니다. 그게 누구한테는 영화이고 누구한테는 마라톤이며 누구한테는 책이고요. 그게 이 사회가 다양한 가치를 수용해야 하는 이유죠.

자존감 낮은 아이들이 자존감을 유지하는 장치들이 몇 개 있어요. 첫 번째는 게임입니다. 게임은 하면 할수록 점수가 올라가니 누구나 잘한다는 느낌을 받을 수 있어요. 게임으로 올라갈 수 있는 자존감의 불씨를 계속 남겨놓는 겁니다. 두 번째는 재밌다는 행복감입니다. 이를테면 재밌는 유튜브 영상을 보면서 내 자존감이 나락으로 떨어지지 않는 거예요.

그렇게 견디면서 성인이 되면 사회가 아무리 냉혹하더라도 꺼지지 않은 자존감의 불씨를 찾아낼 수 있습니다. 누가 뭐라 하든 나는 이걸 잘하고 또 그럴 때 행복하다는 걸 스스로 인지할 수 있죠. 진정 사랑하는 사람을 만나 가정을 꾸리고 반려동물이든 반려식물이든 진정 사랑하고 아낄 수 있는 가치를 형성한다면, 그렇게 갖춘 자존감은 그 누구도 무너뜨리지 못합니다.

그런가 하면 성인의 경우 생각의 전환이 필요합니다. 이를테면 어린 시절의 한순간만 생각하면서 '그때 내가 잘하지 못했어'라고 하는 건 그때 내가 잘했던 것에는 가치를 부여하지 않는 거죠. 남들이 규정한 것에만 가치를 부여하는 거예요. 그렇기에 그때 내가 잘하지 못했다는 기준을 바꿔야 합니다.

초등학교 때 나보다 공부 잘한 친구들이 대부분 알아주는 대학에 잘 갔다고 하는데, 통계상 기대했던 만큼 잘살고 있진 못해요. 그 시기에 관한 잘못된 기억이 지금까지 이어지고 있는 거죠. 그러니 오히려 남한테 좀 뒤집어씌우는 것도 필요해요.

그때 당시 내가 잘하지 못했고 잘못하고 있었다고 믿었지만 사실 그건 사회가 나를 가스라이팅(gaslighting, 심리적 지배)한 거죠. 무효화시키고 다시 시작하세요. 무엇보다 나의 자존감을 높이고 또 유지하는 게 중요하니까요.

이현주 자존감을 내면의 힘이라고 바꿔 말하자면요, 내면의 힘을 기르는 3가지 방법이 있습니다.

첫째로 아닌 건 아니라고 표현하는 겁니다. 강하게 말하라는 게 아닙니다. 내가 생각하기에 그 부분이 정말 아니라고 한다면, 유연하게라도 용기 있게 표현해야 한다는 겁니다. 누군가가 내게 반복해서 부당한 부탁을 해요. 그때 피해를 줄일 수 있는 가장 좋은 방법은 어렵더라도 애초에 부탁을 들어주기 어렵다고 분명하

내면의 힘을 기르는 법

첫째	아닌 건 아니라고 말하기
둘째	감정을 낭비하지 말기
셋째	과거에 집착하지 않기

게 말하는 거죠.

둘째로 감정을 낭비하지 않는 겁니다. 타인과 인간관계를 맺을 때 너무 가까우면 자칫 집착-욕망 투영-통제의 수순까지 나아갈 수 있죠. 그러니 분산이 필요합니다.

셋째로 과거에 집착하지 않는 겁니다. 과거를 돌아보고 반성하는 건 앞으로 나아가는 데 반드시 필요하지만 과하면 독이 될 수 있죠. 과거를 통한 후회보다 무엇을 배웠는지에 초점을 둘 수 있습니다. '이 경험으로 무엇을 배웠는가?'라는 질문으로 미래를 향한 좀 더 나은 방향성을 형성할 수 있습니다.

＼ 사랑하는 가족의 자존감이 낮을 때 ／

<u>이헌주</u>　　　오스트리아의 유명 심리학자이자 정신의학자 알프레드 아들러Alfred Adler가 말했죠.

"타인의 과제에 억지로 들어가려 하지 말라."

자신의 과제와 타인의 과제를 명확하게 규정하고 구분하는 게 첫 번째로 해야 할 일이라고 한 겁니다. 즉 자기 자신부터 챙기라는 거죠. 내가 해야 하는 선택, 내가 해야 하는 책임부터 먼저 집중해야 한다는 거예요.

그 부분을 두고 오해할 수도 있을 겁니다. 가족 사이인데 나부터 챙기라는 건 개인주의적으로 또 이기적으로 살라는 말이냐 하고 말이죠. 하물며 사회적으로 봐도 연대를 해야 하는데 자기 자신만 챙기며 살라는 말이냐 하고 말입니다.

그런데 그건 명백한 오해입니다. 아들러는 오히려 '공동체 감각'을 말했어요. 타인을 돕는 행위 있지 않습니까, 누군가한테서 억지로 떠맡아 하는 의무감 또는 죄책감으로부터 생기는 게 아니라 나의 과제가 있고 타인의 과제가 따로 있을 때 나의 과제에 집중하면서도 타인의 과제에 봉사하려는 자발적 의지가 있다는 겁니다. 내가 타인의 자존감을 올려준다고 해서 나한테 특별한 보상이 주어지지 않는다고 해도 말이죠.

가족이라는 공동체에서도 마찬가지입니다. 내가 타인에게 기여하는 한편 공동체에서 역할을 하고 있다는 것 자체가 나의 욕구를 채워준다는 겁니다.

에이브러햄 매슬로의 욕구 5단계 이론을 보면 생리적 욕구,

안전의 욕구, 애정·소속의 욕구, 존중의 욕구 이상의 최상 단계에 자아실현의 욕구가 있지 않습니까.

자기실현은 나 혼자 할 수 있는 게 아니라 누군가를 돕고 그에게 기여하면서 다다를 수 있다고 하죠. 그러니 내가 타인을 너르게 볼 수 있는 힘이 생겼을 때 비로소 나아갈 수 있지 않을까 생각합니다.

한석준   자신에게 충분한 에너지가 있어서 이 사람만큼은 꼭 챙겨야겠다고 생각한다면 끊임없이 에너지를 주입해주는 게 필요하다고 봅니다. 칭찬이든 격려든 응원이든 뭐든 상태를 극복하고 자존감을 회복할 만한 에너지를 계속 불어넣는 거죠. 그것밖에는 답이 없을 것 같습니다.

최명기   보통 사람들은 누군가가 도전하려고 하지 않을 때 "넌 자존감이 너무 낮은 것 같아."라는 식으로 말합니다. 그런데 이상한 건 그 말을 할 때는 대부분 그가 원하는 게 아니라 내가 원하는 걸 그가 도전하지 않을 때라는 겁니다.

예를 들어 우리 아이는 게임하면서 다음 레벨에 도전하는 걸 너무 좋아해요. 그런데 부모가 보기엔 아이가 자존감이 낮아 게임으로 도피하는 거예요. 부모가 원하는 도전의 모습은 특목고에 가겠다고 도전하는 거예요. 그런데 아이가 특목고에 가겠다고 도전하지 않는 건 아이가 싫어하기 때문입니다. 결코 자존감이 낮아서이기 때문이 아니고요.

아이도 잘 알아요, 안 된다는 걸요. 문제는 부모는 다르게 생각한다는 겁니다. 아이가 자존감이 낮아서 애초에 하지 않으려 한다고요. 그러면서 아이에게 칭찬을 건네고 격려하고 응원하며 할 수 있다고 계속 몰아붙여요.

그러다가 부모가 포기해요. 아이가 자존감이 너무 낮아서 더 이상 할 수 있는 게 없다고 말이죠. 그때 비로소 아이는 해방되고 행복해집니다.

타인을 보면서 자존감이 낮아 문제라며 자존감을 올려야겠다고 생각할 때 오히려 내가 그의 자존감을 갉아먹고 있는 건 아닌지 생각해봐야겠습니다.

인간관계 *Key Point*

- 좋아하는 얘기를 하는 것부터 표현을 시작해본다
- 가족-모르는 사람-어려운 인간관계 순으로 표현해본다
- 나만의 '자존감 계측기'를 갖고 있어야 한다

잘못된 '걱정 습관'을
고치는 6가지 방식

걱정이 많은 사람은 '걱정이 많아 걱정'이라고까지 합니다. 사소하고 작은 걱정과 쓸데없는 걱정들은 습관이 되기 쉽고, 어느새 낯설어버린 행복 대신 불행에 익숙해져버릴 수도 있죠. 걱정은 자기파괴적이고 중독적인 습성이 있기에 쌓이면 마음의 병으로 변질될 수 있습니다. 삶이 통째로 흔들릴 수 있고요. 그렇게까지 되기 전에 낯선 행복을 되찾기 위해선 단계를 밟아가며 확실한 심리 처방을 따르는 게 좋겠습니다. 나를 알고 걱정의 실체에 접근하고 내 마음을 단단하게 만드는 노력이 수반되어야 할 것이며 내려놓는 동시에 통제하는 데까지 나아가야 할 것입니다.

\ 쓸데없었던 걱정들 /

최명기   저의 경우 가장 쓸데없었던 걱정은 지금 안 사면 다신 못살 것 같다는 불안한 마음에 물건을 샀을 때예요. '지금 안 사면 다 팔려서 없을 거야, 그럼 이 좋은 걸 가질 수 없잖아' 하는 걱정으로 충동 구매를 했던 거죠.

그런데 나중에 보면 꼭 어디선가 보이더라고요. 다 사가서 없을 것 같은데 말이죠. 판매원의 교묘한 부추김에 제 걱정 회로가 켜졌던 거겠죠. 지금 안 사면 다신 못살 것 같다는 걱정으로 물건을 사는 것, 정말 쓸데없고 돈도 나가는 걱정인 것 같습니다.

한석준   저의 경우 아침에 일찍 일어나야 한다는 걱정이에요. '혹시 못 일어나면 어떡하지? 그럼 정말 큰일인데' 하는 걱정으로 전날 잠을 이루지 못합니다. 제가 정말 잘 자는 편인데 말이죠. 심지어 지금 잠을 못 이뤄 잠 자는 시간이 줄어들고 있다고 계산하면서 걱정하느냐고 못 자더라고요. 한 번 걱정이 시작되면 꼬리에 꼬리를 물어 이어지니 스트레스가 이만저만이 아닙니다.

최명기   한석준 아나운서님이 겪은 걱정을 일명 '강박적 걱정'이라고 합니다. 강박은 보통 4가지 범주로 나뉘어요. 하나는 청결이에요. '지저분해지면 어떡하지?' 하는 걱정이 수반됩니다.

두 번째는 확인이에요. 집을 나섰는데 다시 돌아와 문 잘 닫았나 확인하는 분들이 많죠. 이 역시 걱정 때문이죠. 세 번째는 물건을 제자리에 놓는 거예요. 그렇지 않으면 굉장히 불편하죠. 마지막은 원치 않는 생각이에요. 생각하고 싶지 않은 생각이 한 번 들면 헤어나올 수 없어요.

한석준 아나운서님이 겪은 걱정이 바로 마지막 유형이고요. 강박적 걱정의 특징이라고 하면 걱정하는 당사자도 걱정의 주체가 실제로 일어나지 않을 거라는 사실을 알고 있다는 거죠.

＼ 쓸데없는 걱정을 하는 이유 ／

최명기　　　시간 낭비이자 자신을 소진할 뿐이라는 걸 알면서도 걱정을 하게 되는 이유에는 몇 가지가 있습니다. 이를테면 숫자 '4'만 피하면 인생에 나쁜 일은 없다고 생각하는 사람이 있어요. 삶이 굉장히 단순해지죠. 남들이 보기에는 쓸데없는 것 같지만, 그는 그 작고 쓸데없는 걱정으로 큰 걱정을 피하는 겁니다.

쓸모 있는 걱정과 쓸데없는 걱정을 나눠보면요. 어떤 일에 대해 걱정을 했는데 걱정이 실제로 일어날 확률이 단 몇 % 정도라고 하면, 사실 굉장히 높은 겁니다. 그 정도라면 신경 쓰고 걱정해도 이상하지 않죠. 그렇기에 우리가 하는 쓸데없는 강박적 걱정이 왜 생겼냐 하면, 어떤 순간에도 걱정을 지키는 사람이 지구 상에 한 명쯤은 존재하게 하기 위해서예요.

무슨 말인고 하면, 지금 우리는 잘 알고 있지만 옛날에 콜레라의 존재를 모르고 있던 때가 있어요. 그때 누군가 물에 병균이 있을지 모른다는 걱정으로 항상 물을 끓여 마신다고 생각해보세요. 온 세상 사람들이 그를 보고 미쳤다고 했을 겁니다. 그런데 그런 상황에서 콜레라가 발생하면 그 혼자만 살아남았을 거예요. 강박적 걱정의 진화론적 쓰임새죠. 일개 개인에겐 쓸데없는 걱정일지 몰라도 전 인류로 나아가면 모두를 구할 수도 있는 겁니다.

간단하게 말하자면, '쓸데없는 걱정'이라는 말이 유행하게 된 건 나 때문이 아니라 남 때문이에요. 내가 하는 걱정은 다 쓸모가 있지만 남이 하는 걱정은 다 쓸모가 없죠. 그래서 남이 하는 걱정을 보곤 "왜 그런 쓸데없는 걱정을 하고 있어?"라고 하지 않습니까. 그중에서도 특히 남의 걱정을 쓸데없는 걱정이라고 몰 때가 언제냐 하면, 그의 걱정 때문에 내가 귀찮아질 때예요.

그러니 누구한테는 쓸데없는 걱정이 다른 누구한테는 진지한 걱정이 되고요, 누구한테는 진지한 걱정이 다른 누구한테는 쓸데없는 걱정이 되는 겁니다.

사실 정말 쓸데없는 걱정, 해선 안 되는 걱정은 걱정을 현실화시키는 걱정이에요. 일어나지 않은 일을 걱정해서 굳이 현실화시키는 거죠.

＼ 쓸데없는 걱정이 미치는 영향 ／

한석준　　　　남자의 경우, 특히 운동을 업으로 삼을 때 특정 대회에 나가 최상위 내지 최상위권에 올라야 군대를 면제받곤 하지 않습니까. 그럴 때 군대를 면제받을 수 있는 마지막 기회라고 하면 엄청 떨릴 거예요.

　잘하지 않으면 안 된다는 걱정이 온몸을 휘감을 테고요. 그런데 바로 그 때문에 대회를 망치기도 합니다.

　제가 스피치 강의를 자주 하다 보니 많은 분이 말씀하시길 발표에 대한 걱정과 두려움으로 힘들다고 해요. 그렇다면 발표에 대한 걱정과 두려움을 해소하고자 연습을 많이 하고 철저히 준비할 수 있으면 좋을 텐데, 바로 그 때문에 오히려 발표를 망칠 수 있지 않습니까.

　그럴 때면 걱정이란 게 도무지 쓸모 있을 수 없이 쓸데없을 수밖에 없을 것 같더라고요.

이헌주　　　　캐나다의 세계적인 베스트셀러 저자 어니 J. 젤린스키Ernie J. Zelinski의 『느리게 사는 즐거움』이라는 책을 보면 이런 구절이 나옵니다.

지식인사이드: 인간관계 편

걱정의 과거를 우울이라 하고,
걱정의 미래를 불안이라 한다

"걱정의 40퍼센트는 현실로 일어나지 않는다. 걱정의 30퍼센트는 이미 일어난 일에 대한 것이다. 걱정의 22퍼센트는 사소한 고민이다. 걱정의 4퍼센트는 우리 힘으로 어쩔 도리가 없는 일에 대한 것이다. 걱정의 4퍼센트만이 우리가 바꿔놓을 수 있는 일에 대한 것이다."

걱정을 구성하는 것들 중 큰 부분을 차지하는 게 이미 지나간 일입니다. 걱정해봐야 이미 엎질러진 물과 같기에 뭘 어떻게 할 수 없죠. 그리고 또 하나의 큰 부분은 이뤄지지 않을 일입니다. 실현되지 않을 일, 일어나지 않을 일을 걱정한다는 거죠. 이 두 부분이 걱정의 70%를 차지합니다.

과거에 일어난 일에 대한 걱정을 두고 '우울'이라고 부릅니다. 그리고 미래에 일어날지 모를 일에 대한 걱정을 두고 '불안'이라고 부릅니다. 과거에 대한 감정인 우울과 미래에 대한 감정인 불안은 서로 굉장히 친합니다. 그래서 미래를 걱정하면 잠이 오지 않죠.

이를테면 '뭐 하며 먹고 살지?' 걱정하면서 불안해 잠이 안 와요. '다른 사람들은 어떻게 살고 있는 거지?'에 다다르면 SNS에 들어가 타인의 삶을 들여다보곤 다들 잘사는 것 같은 모습을 보고 '아, 그때 그 선택을 했어야 하는데' 하며 좌절해요. 우울해지죠. 그렇게 불안과 우울, 우울과 불안은 반복됩니다.

이 굴레에서 벗어날 수 있는 방법이 뭐냐 하면, 과거에 일어난 일을 걱정하거나 미래에 일어날지 모를 일을 걱정하는 게 아닌 앞서 어니 젤린스키가 말한 4%에 귀를 기울이는 겁니다. 그 4%만이 바꿀 수 있는 일에 대한 것이니까요. 지금 당장, 현재에 집중하고 몰입하며 도전감을 형성함으로써 과거가 남긴 우울과 미래가 보낸 불안에서 조금이라도 해방될 수 있을 겁니다.

한석준　　　 저의 경우, 당연히 걱정을 안 할 수는 없는데 삶의 어느 순간부터 덜하기 시작했습니다. 걱정해봤자 달라지는 게 하등 없다는 걸 깨달았거든요.

　걱정하는 것보다 중요한 건 '플랜 B'를 세우는 겁니다. '이 일이 잘못되면 어떻게 행동할 것인가?' '이 일이 뜻대로 안 되면 이후 어떤 일이 벌어질 거고 그때 어떤 식으로 해결할 것인가?' 등에 주

걱정하는 것보다 중요한 건
'플랜 B'를 세우는 것

안점을 두고 계획을 세워보는 거죠. 덕분에 걱정이 줄었습니다. 플랜 B를 세우면서 걱정이 줄어든 거죠.

그리고 최악의 상황을 상정해봅니다. 이를테면 굉장히 좁은 골목을, 그것도 좌우에 차가 쭉 주차되어 있는 상황에서 차를 몰고 지나가야 해요. 도무지 다른 차들을 긁지 않고 지나가지 않을 수 없을 것 같아요.

그때 이런 식으로 생각해보는 겁니다. '좌우에 주차되어 있는 차들을 모두 긁고 지나갈 수밖에 없을까?' 그건 아니에요. 그 정도로 좁진 않으니까요. 그럼 어떻게든 빠져나갈 길이 있을 거란 생각에 다다르죠.

이현주   한석준 아나운서님의 말씀에 전적으로 동감합니다. 저의 경우, 평소에는 굉장히 낙관적이고 긍정적인 편인데 뭔가 하나에 꽂히거나 반드시 해내야 하는 일이 생기면 걱정이 시작됩니다. 그땐 정말 엄청나게 걱정하는 편이에요. 그때 저만의 걱정 극복 방법이 한석준 아나운서님의 예시처럼 최악의 상황을 진심으로 가정하는 거예요. 그러면 실제로 최악의 상황이 닥쳐도 생각보다 큰 문제가 아닐 거란 말이죠.

사랑해서 심장이 뛰기도 하지만 심장이 뛰어서 사랑의 감정을 느끼기도 하지 않습니까. 불안도 마찬가지예요. 불안이라는 감정에 휩싸이면 위축감이 들고 위축감이 들면 몸이 쪼그라들죠.

그러니 반대로 몸을 일부러라도 크게 뻗어보는 겁니다. 개구리처럼 몸을 이완시키는 거예요. 몸의 교감 신경을 부교감 신경으로 바꾸는 행위죠. 그리고 숨을 크게 들이쉬고 내쉬면서 '잘할 수 있어'를 되새기면 불안을 극복하는 데 큰 도움이 될 겁니다. 불안감을 뒤집으면 도전감인데 바로 그 도전감을 향상시키는 데도 큰 도움이 될 것이고요.

최명기 　　제가 일전에 걱정에 관한 책『걱정도 습관이다』를 출간한 적이 있어요. 그러니 걱정 전문가라고 할 수도 있겠죠.

　걱정을 줄이는 간단한 방법은 첫째로 걱정을 보는 게 아니라 상황을 보는 겁니다. 상황이 복잡할수록 불확실성이 높아지니까 걱정이 많아집니다. 그래서 전 복잡한 건 피하고 단순한 걸 하라고 말합니다. 걱정을 줄이고 싶으면 삶의 과정을 단순하게 가져가야겠습니다. 그런가 하면 보통은 상황에 대한 걱정보다 사람에 대한 걱정이 많은 편이죠.

　걱정을 줄이는 간단한 방법, 두 번째는 걱정을 확률로 계산해보는 겁니다. 이를테면 어떤 일을 했을 때 100% 확률로 꾸준히 200만 원씩의 이득을 얻을 테지만 1억 원의 손해를 볼 확률은 1%예요. 그럴 때면 확률상으로 그 일을 하는 게 맞겠죠. 그렇기에 확률로 계산해보는 게 우선일 텐데 보통 확률로 계산하지 않습니다.

걱정을 확률로 계산해보면
걱정을 줄일 수 있다

세 번째 방법은 전문가의 도움을 받는 겁니다. 이를테면 머리가 너무 아파서 병원에 갔는데 MRI를 찍으라고 할 수도 있겠고 아무 이상 없다고 할 수도 있겠죠. 전문가는 그 방면에서 대체로 속 시원하게 말해주는 만큼 걱정되면 혼자 싸매지 말고 전문가의 도움을 받아보세요.

그런데 사실 이런 것들보다 더 도움되는 건 **걱정할 권리를 인**

정해주는 겁니다. 걱정 때문에 힘들어하는 분들의 경우 대체로 자존감이 낮아 자신을 보잘것없는 사람이라고 여겨요. 그래서 저는 그런 분들한테 걱정할 권리를 인정해드린다고 말하죠.

걱정해도 된다고, 걱정하는 게 이상하지 않은 거라고 말이에요. 그저 매사 준비성이 투철할 뿐이라고요. 남들도 다 비슷한 일로 걱정한다고 말이죠. 그러니 스스로를 보잘것없는 사람이라고 여기지 말라고요. 다만 문제는 걱정하는 게 아니라 지쳐 있는 거예요.

그리고 저는 이를테면 "불안해서 시험을 잘 못 쳤어요."라거나 "불안해서 시험을 잘 못 칠 것 같아요."라고 하는 분들한테 이렇게 말합니다. 불안해서 시험을 못 칠 수 있고 시험이 어려워 불안해졌을 수 있다고 말이죠. 즉 최대의 능력을 발휘하고 있기 때문에 불안한 겁니다.

불안하고 긴장되는 건 바로 그 불안에 맞서고자 온몸에 피를 보내고 있기 때문이죠. 하여 불안해서 일을 망치는 게 아닙니다, 일이 어려워서 망치는 거예요. 걱정과 불안을 줄이는 가장 좋은 방법은 다름 아닌 연습에 있습니다.

한석준   걱정과 불안에 잡아 먹히고 마는 경우가 있습니다. 입스yips라고 해서, 압박감이 느껴지는 시합 등 걱정과 불안이 증가하는 상황에서 근육이 경직되면서 평소 잘하던 동작을 제대로 하지 못하게 되는 현상이 대표적이죠. 물론 입스는 보통 사람들이 일반적으로 겪는 현상은 아닙니다. 보통 사람들이 일반적으로 겪는 걱정이라면 걱정하는 만큼 준비하고 대비함으로써 긍정적으로 이겨낼 수 있지 않을까 싶어요.

최명기　　　그래서 걱정이 많은 사람에겐 걱정이 많은 사람이 살아가는 방법이 있고요. 걱정이 없는 사람에겐 걱정이 없는 사람이 살아가는 방법이 있는 겁니다.

＼ 걱정이 몰려올 때 해야 할 일 ／

이현주　　　뭔가를 추구하는 데 있어 너무 많이 집착하다 보면 고통을 넘어 괴로움을 주기도 합니다. 또 내게 다가오는 고통을 피하려고만 하면 집착이 되어 역시 괴로움을 주기도 합니다. 하여 포커스를 어디에 두느냐가 중요한 것 같아요.

　　쓸데없는 걱정으로 힘들어하는 분들께 팁 하나를 드리자면, **현재 걱정하고 있는 것들을 명확하게 구체적으로 적어보는 게 큰 도움이 될 겁니다.** 누가, 언제, 어디서, 무엇을, 어떻게, 왜의 육하원칙으로요. 적어보면 걱정의 크기가 10점 만점에 몇 점 정도 되는지 스스로 합리적으로 평가할 수 있을 겁니다.

이를테면 뜀틀을 뛰려 할 때 우선 뜀틀의 높이가 어느 정도인지 가늠해야 하지 않겠습니까. 가늠한 후 어느 정도 앞에서 얼마만큼 힘을 줄지 생각할 수 있을 테죠. 걱정도 비슷합니다. 걱정거리를 직접 적어놓으면 아무것도 없이 걱정하는 것보다 훨씬 해볼 만할 거예요. 걱정하는 게 또는 걱정의 대상이 생각보다 별 게 아니라고 생각할지 모릅니다.

다음으로 **하나에만 몰두해 집착하는 게 아니라 해결을 위한 'HOW'로 넘어가야 합니다.** 걱정거리를 구체적으로 명확하게 적어놓곤 평가해본 다음, 걱정의 구성 요소를 적습니다.

예를 들어 구성 요소 중 80%는 내가 할 수 없는 영역이라고 해보죠. 그리고 나머지 20%는 내가 할 수 있는 영역이고요. 이제 걱정에서 할 수 있는 것들로 인식이 전환됩니다. 이제 그 20%를 10가지로 나눠봅니다. 그리고 해결했을 때 체크를 하는 거죠. 그렇게 하나씩 각각 몰입해 해결하다 보면 걱정은 어느새 해결할 수 있는 '목표'로 전환된답니다.

한석준   제가 '행복'이라는 거창한 개념을 논할 만큼의 연륜이나 학식이 되는 건 아니지만, 제가 하는 방식이 혹시 도움되는 분들이 있을까 싶어 말씀드려볼게요.

저는 지금 하는 것만 봅니다. 이를테면 지금 일을 하고 있어요. 집에는 아내와 아이가 있는데 아내와는 다툼이 있어서 어색하고 아이는 감기에 걸려 힘들어합니다. 그밖에도 이런저런 걱정들이 있는 상태죠.

그런데 지금 일을 하고 있을 때 그런 걱정을 하는 건 별 의미가 없더라고요. 지금 이 자리에서 내가 하고 있는 일에 집중해 잘 끝마치는 게 더 의미가 있어 보입니다. 그래야 이후 이런저런 걱정거리들을 해결하는 데 더 집중할 수 있을 것입니다.

이현주　　　걱정거리가 몰려올 때면 스스로에게 묻는 겁니다. '이 걱정을 내가 통제할 수 있을까?' 하고 말이죠. 통제할 수 없는 거라면 '통제할 수 있는 건 뭐지?' '지금 내가 당장 할 수 있는 건 뭐지?' 하고 물어요.

그러곤 거기에 전념하면서 현재를 충실히 살아내는 것이죠. 한순간 한순간 몰입하고 집중하는 겁니다.

오스트리아 출신의 정신과 의사 빅터 프랭클Viktor Frankl한테 누군가 물어봤다고 합니다.

"어떻게 해야 행복해지나요?"

빅터 프랭클은 제2차 세계대전 당시 아우슈비츠 강제 수용소에 끌려가 크나큰 고통을 겪은 생존자입니다. 그럼에도 그는 삶은 살 만하다고 말했습니다. 그런 그가 어떻게 해야 행복해질 수 있느냐는 질문에 다시 질문으로 답했어요. 당신의 삶엔 행복할 수 있는 이유가 있느냐고요.

이유는 누군가에겐 의미가 될 수도 있고 가치가 될 수도 있죠. 의미를 잃어버린 사람에겐 의미를 찾는 것 자체가 행복일 수 있고요.

또 다른 측면에서 보면 행복은 감정이기도 합니다. 행복한 감정 말이에요. 우리가 지독한 불행을 느낀다면 행복할 만한 조건이 부재하기 때문일 수 있죠. 반대로 행복한 감정을 느끼려면 행복한 감정을 불러일으킬 만한 사건, 습관 등의 요소가 있어야 한다는 겁니다.

그러니 행복을 너무 관념적으로 접근할 게 아니라 내 인생에서 행복할 만한 이유를 만들어놓고 좋아하는 걸 미루지 않으며 즐길 수 있는 걸 마련해야겠습니다.

인간관계 Key Point
- 걱정하는 것보다 중요한 건 플랜 B를 세우는 것이다
- 스스로에게 걱정할 권리를 인정해주는 게 필요하다
- 걱정거리를 구체적으로 명확하게 적으면 도움이 될 것이다

인간관계 처방전
첫 번째

(멘탈 강한 사람이 반드시 하는 행동)

× 멘탈이 강하다는 건 루틴이 잘 무너지지 않는 걸 의미한다

× 멘탈이 강한지 강한 척하는 건지는 위기와 절망이 찾아왔을 때 판가름할 수 있다

× 타인이 아닌 내 스스로와 비교하기 시작하며 바뀔 수 있었다

× 끈기와 인내력, 근면과 성실, 노력의 토대 위에서야만 멘탈을 강하게 할 수 있다

× 오히려 긴장을 해야만 정신이 흐트러지지 않고 최선의 결과를 도출할 수 있다

× 불안을 있는 그대로 들여다보고 이해해야만 흔들리는 멘탈을 다잡을 수 있다

(자존감 낮은 사람이 자존감 높이는 방법)

× 타인과의 관계 안에서 비로소 자신의 정체성을 인식할 수 있다

× 나의 자존감을 발굴해줄 수 있는 사람과 가까이하는 게 좋다

× 타인과의 관계도 중요하지만 내게 절대로 남을 밥을 주지 않아야 한다

× 나를 가장 사랑할 수 있고 돌볼 수 있는 시간과 공간을 마련한다

× 자존감과 관련이 없는데 자존감과 관련이 있다고 엮어서 생각하면 안 된다
× 내 안에 자존감이 독립적인 잔고로 많이 쌓여 있더라도 실패를 반복하면 빠져나가고 만다는걸 인지해야한다
× 내가 아무것도 할 수 없는 위치에선 자존감이 하락할 수밖에 없다는 걸 알아야한다
× 불편한 얘기를 꺼내는 건 힘들어도 좋아하는 얘기를 꺼내는 건 가능하다

(잘못된 걱정 습관을 고치는 방식)

× 과거에 일어난 일이나 미래에 일어날지 모를 일을 걱정하지 말고 바꿀 수 있는 일을 생각하는 게 좋다
× 걱정하는 것보다 중요한 건 혹시 모를 실패에 대비해 플랜 B를 세우는 것이다
× 걱정 줄이는 간단한 방법의 첫 번째는 걱정을 보는 게 아니라 상황을 보는 것이다
× 걱정 줄이는 간단한 방법의 두 번째는 걱정을 확률로 계산해보는 것이다
× 걱정 줄이는 간단한 방법의 세 번째는 전문가의 도움을 받는 것이다
× 걱정 줄이는 가장 확실한 방법은 걱정할 권리를 인정해주는 것이다
× 걱정하고 있는 것들을 명확하게 구체적으로 적어보는 게 큰 도움이 될 것이다

2장

나를 올바로 세우고
단단하게 만드는 법

온전한 나로 홀로서기

'비교 지옥'에서 벗어나 나로 사는 3가지 비법

일찍이 아리스토텔레스 Aristotle는 "타인의 행운은 고통"이라고 했습니다. 인간은 자신이 갖지 못한 걸 타인이 가졌을 때 부러움을 넘어 고통까지 받았다는 것이죠. 그런데 지금 이 시대에는 소셜 미디어가 수시로 사람들의 심리적 불안감을 증폭시키고 있습니다. 정녕 전 세계 사람들이 자신과 남을 비교하게 된 겁니다. 인지행동치료의 세계적인 권위자인 영국의 윈디 드라이덴 Windy Dryden은 이를 두고 '비교병'이라고 명명했죠. 특히 한국의 경우 타인과의 비교가 극심한 편인데요. 무차별적 성공주의와 사회적 약자에 대한 낙인이 그 이면에 숨어 있는 게 아닌지 생각해봅니다.

\ 한국인들의 비교 문화 /

이헌주　　　우리나라의 경우 어렸을 때부터 비교 문화에 노출
되는 것 같습니다. 예를 들면 몇 살 정도에는 구구단이나 알파벳
을 외워야 한다거나, 학교에 들어가면 반에서 몇 등을 하는지 또
학원에선 몇 등을 하는지 등 어릴 때부터 온갖 비교에 무방비로
노출되어 있죠.

　어른이 된다고 나아지지 않습니다. 오히려 더 심해지죠. 대학
교도, 직업도, 연봉도 모두 일명 '티어'를 나눠 비교합니다. 등급
을 정하는 거죠.

　이를테면 이 정도 나이에는 얼마를 벌어야 하고 이 정도 나이
에는 어떤 차를 사야 하고, 하다못해 나이별로 사야 할 가방, 지
갑, 벨트 등도 존재합니다.

　요즘 아이들이 학교에서도 서로 비교하며 등급을 나누는 경
우가 많다는 얘기가 심심치 않게 들려옵니다. 예전에도 그랬지만
최근 유독 심해지는 것 같아요.

　아파트에 산다고 하면 자가인지 전세인지 월세인지를 묻기도
하고요. 부모님의 직업이나 연봉, 차를 비교하기도 합니다. 그 안
에서 모종의 등급이 생기는 거죠.

　이토록 심각한 비교 문화야말로 '헬조선'이라는 말이 탄생한
주요 배경이라고 생각합니다.

최명기   우리나라도 어디에서 사느냐에 따라 비교가 심한 곳이 있고 비교가 심하지 않은 곳이 있는 것 같습니다. 전 세계에서 비교가 심하지 않은 지역을 보면요. 비교하고 싶어도 비교할 만한 사람이 별로 없습니다.

예를 들어 비행기를 타고 10분쯤 날아가야만 겨우 사람 한 명이 산다고 했을 때 비교 자체를 하기가 굉장히 어렵죠. 비교할 대상이 없으니까요.

또 행복도가 높다는 게 이해되지 않는 나라들이 있어요. 예를 들어 철저한 가부장제 국가인데 주관적 행복도를 조사해보니 생각보다 낮지 않습니다. 그런데 과연 그곳에서 사는 게 여기 한국에서 사는 것보다 행복할까 사람들한테 물어보면 꼭 그렇지도 않거든요.

결국 비교는 우리한테 굉장한 분노와 질시를 일으켜요. '저걸 가져야 하는데 갖지 못했어. 그러나 내겐 저걸 가질 권리가 있어.'라고 생각하면서 비교가 분노와 질시를 일으키기 때문에 문제인 겁니다.

이를테면 책을 너무 좋아해서 하루종일 책만 읽으면 되는 사람이 있어요. 그는 누군가가 돈이 아무리 많다고 해도 분노와 질시를 일으키지 않죠.

그런 그가 중고 사이트에서 어떤 책을 발견해요. 예전부터 보고 싶었고 꼭 필요한데 그동안 여의치 않아 구하지 못했던 책이에요. 그런데 누군가 이 3만 원짜리 책을 팔지도 않을 거면서 50만 원에 올려놓은 걸 봤어요. 그럴 때 화가 나요. 분노와 질시를 일으키는 겁니다. 그렇기에 우리나라 인구의 상당 부분은 비교를 하고 또 비교를 했을 때 굉장한 분노와 질시를 일으키는 상태에서 사는 거예요.

그런가 하면 비교가 되기 위해선 전제 조건이 또 하나 더 있습니다. 한 국가를 이루는 사람들의 가치가 비교 가능한 것들로 구성되어 있어야 해요.

즉 우리는 눈에 보이는 비교 가능한 것들이 굉장히 중요한 사회에서 살고 있다는 거죠.

한석준　　　좋은 측면으로 보자면 우리나라가 전 세계에서 미의 기준이 굉장히 높은 편인 것 같습니다. 아니, 가장 높은 축에 속하는 것 같아요.

이를테면 미의 기준이나 예술적인 감각이 너무나 높은 우리나라 사람들에게 소위 '먹히는' 노래나 춤 또는 아이돌이 전 세계적으로도 큰 인기를 얻는 걸 보면 말이죠. 또 세계적인 전자 기기 업체들도 한국을 테스트베드(testbed, 새로운 기술·제품·서비스의 성능 및 효과를 시험할 수 있는 환경 혹은 시스템, 설비)로 삼지 않습니까.

우리나라 사람들의 기준이 높기 때문이에요. 그런 사람들, 미적 기준이 높은 사람들 눈에는 누가 더 예쁘고 덜 예쁜지 계속

지식인사이드: 인간관계 편

보일 수밖에 없다는 거죠. 좋게 보자면 그런 면도 있다고 생각합니다.

그런데 나쁜 측면으로 보자면 얘기는 달라집니다. 정비하고 가다듬고 발전시켜야 하는 수많은 요소가 있다고 할 때, 외모에서 그럴 수 있는 요소가 있고 그럴 수 없는 요소가 있습니다.

예를 들어 운동을 하고 살을 빼서 몸을 만드는 건 그럴 수 있는 요소예요. 그런데 그럴 수 없는 요소들도 있지 않습니까. '아, 난 왜 저 연예인처럼 예쁘지 않지?' 하고 말이에요.

그 부분까지 집착하는 건 괴로울 수밖에 없는 일을 하고 있는 거죠.

＼ 타자 중심적 문화에서 비롯된 것들 ／

이헌주　　　　타인과의 과도한 비교를 심리학적으로 살펴보면 '타자 중심적 문화'에서 비롯되었다고 볼 수 있습니다.

결혼을 예로 들어보자면요. 결혼이라는 게 당사자들 간에 인생에서 가장 행복한 순간이지 않습니까. 그런데 보통은 결혼을 하면서 '결혼식에 누가 올까, 동네 창피하면 안 될 텐데' 같은 생각을 합니다.

결혼식에는 이런저런 사람들이 온단 말이에요. 그 사람들한

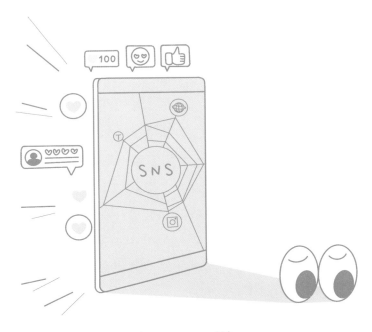

소셜 미디어의 성황으로
타인과의 비교가 심해졌다

테 밑 보이면 안 된다는 시각이 결혼식을 지배합니다. 결혼 당사
자들끼리 서로 이 순간을 얼마나 행복하게 보낼까 생각하는 게
아니라 이 결혼식이 어떻게 비출까 생각하는 거죠. 이 결혼식이
얼마나 행복하게 비치느냐가 중요해지는 겁니다. 내가 행복한지
또는 불행한지 스스로 평가하는 게 아닌 거예요.

이를테면 '동네 창피하게'는 수치심에 관한 말입니다. 수치심은 사람이 느낄 수 있는 가장 깊은 감정이거든요. '동네 창피하게'라는 말은 동네라는 눈으로 수치심을 강요하는 건데요, 그 체면 문화가 바로 타자 중심적 문화에 뿌리를 두고 있지 않나 생각해봅니다.

그런가 하면 소셜 미디어에선 모두가 환하게 웃으면서 자신감 가득한 표정이지 않습니까. 그런데 그 순간이 진짜 행복했는지는 당사자를 제외하곤 아무도 모릅니다. 그래서 누군가 그 사진을 보고 '아, 너무 행복해 보인다. 너무 신나 보이기도 하고. 부럽다.' 하고 생각할 테지만 사실은 상당히 꾸며진 모습일 수 있다는 거죠.

상대의 터전에서 '이 사람은 날 행복하게 볼까?' '이 사람한테 나는 괜찮은 사람으로 비칠까?' 등으로 지나치게 자신과 타인을 비교한다는 겁니다.

＼ 서로의 불행을 강요하며 살 때 ／

최명기   우리는 생각보다 비슷하게 살아갑니다. 비교할 것도 많지 않아요. 그런데 '역시 나는...' 하면서 자신감이 하락하고 '한국 사람들은 이래서 불행해'라며 자신을 불행한 사람으로 만

삶을 규정하는 4분면

1분면	돈도 많고 시간도 많은 삶
2분면	돈은 많지만 시간은 없는 삶
3분면	돈도 없고 시간도 없는 삶
4분면	돈은 없지만 시간은 많은 삶

들어버립니다. 왜 그런지 생각해봤어요. 만약 반대로 사람들이 나름대로 행복하게 살면 사회가 무너지기 때문입니다.

나름대로 행복하게 사는 사람들을 규정하는 말이 있어요. '참 한심하다'예요. 당사자는 나름 행복하고 괜찮아요, '열심히 일해봤자 소용없어, 나이 먹으면 다 비슷해. 연금이랑 지원금 받으면서 살면 되지 뭐.'라고 생각하면서 하루하루 되는 대로 살아가는 거죠.

사람을 4개의 부류로 나눠보면요. 많이 벌고 많이 써야 하는 사람, 적게 벌고 적게 써도 되는 사람, 많이 벌고 적게 쓰는 사람, 적게 벌고 많이 써야 하는 사람이 있겠습니다.

그중에서 적게 벌고 많이 써야 하는 사람이 가장 불행하다고 느낍니다. 돈은 없는데 해야 할 건 많거든요. 반면 적게 벌고 적게 쓰는 사람은 나름대로 괜찮습니다. 그런데 그들을 행복하다고 생각해 내버려두면 그걸 한심하다고 규정해버려요.

그리고 삶을 규정하는 또 하나의 4분면이 있습니다. 돈도 많고 시간도 많은 삶, 돈은 많지만 시간은 없는 삶, 돈도 없고 시간도 없는 삶, 돈은 없지만 시간은 많은 삶. 그중에서 돈은 없지만 시간은 많은 삶을 선호하는 사람은 행복하다고 느껴야 하는데요.

이를테면 수입은 별로 없지만 하루종일 유유자적하면서 잘 지내는 분이 있습니다. 그분들은 '나는 행복하다고 말할 권리가 없는 것 같다'라고 생각해요. 그들 중 용감한 분들은 〈나는 자연인이다〉 같은 방송 프로그램에 나오죠. 그렇게 사람들에게 자신만의 삶의 방식이 알려지면서 행복해하지만 지인이나 친척들이 "그렇게 살면 안 된다"라면서 뭐라 해요.

그러면 돈도 많고 시간도 많은 사람이 진짜 행복할 텐데요. 돈은 많지만 시간은 없는 사람도 자신이 스스로를 보든 타인이 보든 행복해야 하는데 정작 행복하다고 말하지 못해요. 이토록 바쁜 삶은 행복하지 않다는 거죠.

돈도 없고 시간도 없는 사람이 보기에 그들은 행복해야 하는데 정작 그들은 스스로를 두고 행복하긴커녕 불행하다고 하고요. 돈은 없고 시간은 많은 사람의 경우 "그렇게 살면 안 된다"라는 편잔을 듣고요.

그렇게 서로서로 행복을 부러워하면서 살아도 모자랄 판에 서로서로 상대방의 불행을 강요하면서 살고 있는 것 같습니다. 그래서 우리나라 사람들이 행복과 불행을 어떻게 접하는가 보니, 다름 아닌 드라마를 보면서 접하고 또 배웠어요.

우리나라 드라마는 굉장히 교훈적입니다. 이를테면 가난한 사람이 꼭 부자가 되어야만 하는 교훈을 줘요. 그리고 부자 중에서 자기 분에 넘치는 부를 누리는 사람은 꼭 몰락해야 합니다.

그런데 요즘 들어 드라마의 힘이 점점 약해지고 있어요. 이른바 교훈극에서 점점 벗어나고 있고요. 우리나라 사회가 달라질 수 있다는 거죠.

대신 우리나라를 포함해 전 세계 거의 모든 이의 삶을 사로잡은 건 다름 아닌 유튜브예요. 유튜브는 무엇을 중요시하냐 하면 각자의 다양한 기쁨을 중요시합니다. 보통의 사람들이 하기 힘든 걸 대리 경험하는 류의 유튜브도 있지만, 대부분은 소확행(소소하지만 확실한 행복)을 추구해요.

한편 주지했듯 드라마의 힘이 약해지고 교훈극에서 벗어나고 있다고 하지만 드라마는 그래도 여전히 교훈에 해당하는 행복을 추구하고요.

하여 대한민국은 아직까진 드라마에 기초하는 사회입니다. 그렇기에 항상 불행해야 해요. 누구는 몰락해서 불행해야 하고 누구는 더 이상 오르지 못해 불행해야 해요. 그래야 비교하면서 교훈을 줄 수 있으니까 말이죠.

＼ 비교 문화의 긍정적인 부분 ／

<u>이헌주</u>　　　　비교는 한쪽에선 우월감을 획득하는 반면 다른 한쪽에선 열등감을 부여받는 거죠. 그런데 아들러가 말하길 우월감과 열등감 자체는 나쁜 게 아니라고 했습니다.

> "열등감은 우월감을 향해 나아가게 하는 자극이 된다."

더 치고 올라갈 수 있는 성취에의 요소를 샘솟게 하는 데 열등감이 크게 작용한다고 보고 굉장히 귀하게 여겼습니다. 문제는 열등감 콤플렉스예요. '어떻게 하면 더 나아질 수 있을까' 하는 감정을 느끼고 자극을 받는 게 열등감이라 하면 열등감을 핑계로 해야 할 일, 즉 과제로부터 도피하는 게 열등감 콤플렉스라 할 수 있겠습니다. '이 세상이 썩어 빠졌기에 나한테는 아무런 희망도 없어, 나는 이제 끝이야'라며 핑계를 대고 도피해버리는 거죠.

그래서 열등감 콤플렉스까지 다다르지 않고 **열등감을 딛고 우월감을 향해, 나아가 타인과의 비교보다 어제보다 좀 더 나은 나를 향해 한 스텝씩 나아간다면 열등감은 나를 진정으로 성장시키는 촉진제가 될 수도 있죠.**

비교의 대상이 타인이 아니라 어제의 나와 지금의 나로 전환된다면 큰 장점이 될 수도 있습니다.

한석준　　　　이헌주 교수님의 의견에 일정 부분 동의합니다. '어떻게 하면 더 나아질 수 있을까' 하는 감정을 느끼고 자극을 받아 우월감을 향해 나아갈 수 있다는 게 비교의 유일한 장점이라고 봐요.

　그리고 지난날 우리 사회에서 그 부분을 굉장히 강조했고 다행히 긍정적인 에너지로 전환된 경우가 많죠. 덕분에 우리나라가 선진국 대열에 올라서기도 했고요. 지난날 우리 사회를 이끌어간 가장 강력한 무기였다고 생각합니다.

＼ 내 삶의 주인이 되는 방법 ／

최명기　　　　삶의 중심을 내게 둬야 합니다. 만약 주변 누군가가 성취를 했다면 축하해주면서 그 감정, 비교하고 또 열등감에 가득 차 있는 감정을 극복하는 겁니다. 이를테면 너의 우월감을 나의 너그러움으로 덮는 거죠. 화가 나더라도 실천에 옮기고 나면 나한테 결코 좋지 않을 감정들은 한 단락 떨어져버릴 겁니다. 굉장히 실천적인 가치가 있는 방법이에요.

　저 역시 예전에는 남과 비교해 내가 부족한 점을 극복하는 걸 긍정적으로 생각하자고 했죠. 그런데 가능하지 않았어요. 그렇게는 거의 실천하지 못했습니다. 그러니 그렇게 하지 못했다고 자신을 못났다고 생각하지 않았으면 좋겠어요. 그리고 주위의 그런 사람에게 잘 못하고 있다거나 바꾸라는 것도 맞지 않습니다.

우리 모두에겐 열등감을 느낄 권리가 있어요. 어차피 노력으로 극복이 잘 안 됩니다. 이를테면 누군가가 외모에 열등감을 갖고 있는데 그에게 "외모가 아닌 내면의 미를 중점에 둬봐, 인생이 달라질 거야."라고 아무리 말해도 소용이 없어요. 오히려 역효과만 납니다. 당사자는 열 받고 속상해할지 모릅니다.

그럴 땐 공감을 해주세요. 열등감을 느끼고 있구나, 굉장히 속상하겠다면서 말이죠. 그리고 그가 돈을 벌어서 성형수술이라도 해야겠다고 말하면, 돈을 열심히 모아보라고 말하는 게 올바른 접근법이지 "외모지상주의에 빠지면 안 됩니다. 당신의 내면은 굉장히 아름다워요. 내면을 들여다보세요."처럼 말하면 효과가 전혀 없을 겁니다. 집 없는 사람이 집이 없어 너무 속상하다는데 "당신에겐 풍부한 지식이 있어요. 집이 없어도 상관없잖아요."라고 말하면 위로가 되겠습니까? 전혀 안 되죠.

타인의 열등감을 가치 판단 없이 들어주고 공감하고 위로해주면 됩니다. 누군가가 열등감을 느낄 권리, 생각에 대해 자꾸만 잘못되고 그릇된 생각이라며 꺾으려고 하는 건 좋지 않아요.

한편 누군가가 스스로 안 된다고 생각해서 더 이상 하지 않으려는데 달아나지 말라고 하는 것 역시 좋지 않은 방법이라고 봅니다. 우리 모두에겐 달아날 권리가 있어요. 또 우리 모두에겐 하

열등감과 우월감은 오르락내리락하며
중간에 맞춰진다

지 않을 권리도 있어요. 그렇기에 그럴 땐 "올라가지 못할 것 같으면 올라가지 않아도 돼."라며 절망감을 공감하고 위로해주는 게 맞다고 봅니다.

　우리는 저기 아래 있는 열등감을 위로 올리고 저기 위에 있는 우월감을 아래로 내려 중간을 잡으려 합니다. 그런데 중간은 그렇게 만들어지지 않습니다. 올라갔다 내려갔다를 끊임없이 반복하면서 진폭이 서서히 줄어들고 중간에 맞춰지는 거죠.

그러니 비교해도 됩니다. 비교하고 상처받아도 되고요. 상처받아서 달아나도 됩니다. 그러다가 다시 극복하려 해도 되고요. 이 모든 게 다 맞아요.

왔다 갔다 모든 것이 혼재되어 있는 게 정답입니다. 완벽한 사람은 없어요. 그래서 이걸 해결하려면, 내가 어떤 입장을 취하 듯 타인이 취하는 입장을 받아들이고 공감하면서 항상 내 편이 되어줄 사람과 함께하는 거랍니다.

한석준　　　　우리나라가 개발도상국이었던 시절 얘기를 해야 할 것 같습니다. 당시에는 "우리나라는 먹고살 게 사람 두뇌와 제조업 두 개뿐이니 그것들로 밀어붙여."라고 해서 모든 사람이 두뇌를 개발하거나 제조업 회사에 취직하는 것밖에 길이 없었죠. 그렇게 모든 면이 한정되어 있으니 자연스레 비교를 강요당할 수밖에 없었어요.

반면 지금은, 이를테면 MZ세대의 경우에는 기성세대와 달리 선진국 태생입니다. 그들은 삶이 다양해요. 보는 기준, 만족하는 기준, 추구하는 기준 등 모든 면에서 다양하죠.

예를 들어 개발도상국 시절에는 연봉 비교로 끝났습니다. 그러곤 집이 몇 평인지, 자동차는 있는지, TV는 있는지 등이 비교의 전부였죠. 그래서 돈 벌면 집 사고 자동차 사고 TV 사면 됐어요. 그런데 지금은 너무나도 다양하게 비교를 합니다. 돈은 있는

데 자동차 안 사는 사람, TV 안 사는 사람이 많아요. 집, 자동차, TV 등 따위로는 비교를 할 수 없는 사회로 진입하고 있는 거죠.

계속해서 비교를 해오는 계층과 더 이상 비교를 하지 않아도 되는 계층이 충돌하는 시점이라고 봅니다. MZ세대와 얘기해보면 기성세대만큼 돈으로 비교하지 않는 것 같아요. 돈 말고도 비교할 게 너무 많기 때문이죠.

저는 지금이 과도기라고 봅니다. 이런 식으로 시간이 더 지나면 비교 자체를 하지 않을 것 같습니다. 비교하기가 너무 벅차고 힘들거든요.

이제 우리가 생각해봐야 하는 건 자기 자신과 비교하는 겁니다. 어제의 나와 비교해 오늘의 더 나은 내가 되고자 노력하고 다가올 내일의 나와 미리 비교해보는 거죠. 그렇게 계속해 나가다 보면 진짜 나를 찾고 내 삶의 주인으로 거듭날 수 있을 거라고 봅니다.

이헌주   비교에서 벗어날 수 있는 사람은 없을 거라고 생각합니다. 다만 너무 과장되게 우월감을 느끼려고 하고 또 열등감에 빠져들어 가는 점에만 초점을 맞추다 보면, 타인만 보고 신경 쓰느냐고 정작 자기 자신을 놓칠 수 있을 것 같아요.

이를테면 내가 신은 아니라고 해도 벌레는 아니지 않습니까. 그러니 **지금의 내 한계를 인정하면서도 내가 갖고 있는 좋은 점들과 내가 할 수 있는 것들에 초점을 맞추고 묵묵히 전념하는 게 필요하지 않나**

자신의 열등감을
포용할 줄 알아야 한다

생각해봅니다. 자신이 경험한 걸 판단하거나 평가하지 않고 있는
그대로 받아들이고 이해하는, '자기수용自己受容, self-acceptance'이 필
요하다고 봅니다.

그런가 하면 요즘 많은 분이 관심을 갖는 심리학 분야가 카를
구스타프 융Carl Gustav Jung의 '분석 심리학'입니다. 그에 따르면 정
신의 구조는 크게 의식과 무의식으로 구분되는데, 무의식에서 의

식으로 가기 위해선 '그림자'라는 바다를 건너야 하죠. 예를 들어 지킬과 하이드에서 지킬이 본모습일까요, 하이드가 본모습일까요. 양쪽 다 본모습이라고 할 수 있을 텐데요.

인간의 정신에 대해 처음 공부하는 사람들은 이전에 몰랐던 열등한 부분, 사악한 부분, 숨기고 싶은 부분이 나타나 놀라기도 하고 혼란스러워하기도 해요. 그냥 선하게 행동하면 되는 거 아닌가 싶죠. 그런데 융은 바로 그게 올바른 윤리적 선택에서의 첫 번째 전제라고 봅니다.

예를 들어 아돌프 히틀러$^{Adolf\ Hitler}$는 자신 안의 열등감을 충분히 인지하고 인식하지 않아서 타인에게 열등하다고 하는 거죠. 전이시키는 거예요. 이를 '투사'라고 합니다. 그리고 죄의식을 전혀 갖지 않는 지점이 분열된 인격, 즉 '그림자'인 겁니다.

하여 중요한 지점은 이렇습니다. 내가 나의 그림자를 들여다보고 탐구하는 건 내가 얼마나 열등하고 악한가 생각하며 '그럼 인생 막 살아도 된다는 건가?'까지 다다르는 게 아닙니다. 오히려 선을 선택할 수 있는 전제인 겁니다.

융은 무지^{無知}야말로 가장 큰 죄라고 봤습니다. 하여 내겐 선과 악, 양쪽의 모습이 있으나 결단을 할 수 있다는 용기가 필요하죠. 윤리적 결단이란 자신을 진실하게 들여다보는 토대 위에서 이뤄진다는 겁니다. 그때 비로소 내 삶의 주인이 될 수 있겠죠.

한석준　　　　저는 적어도 행복에 관해선 겸손하지 않았으면 좋겠습니다. 남들보다 행복한 게 그리 대단히 우월한 것도 아니고 그렇다고 남들보다 불행한 게 그리 열등한 것도 아니에요. 절대 그렇지 않다고 봅니다.

그러니 누구든 자신만의 삶의 과정에서 조그마한 행복들을 계속 찾아 나서면 좋겠습니다. 그리고 그렇게 행복을 찾았다고 해서 절대로 거만하다거나 건방지다는 사인이 아니에요.

괜찮습니다. 우리 모두 행복하고 싶으니까요. 행복을 인정하는 것부터 시작해도 됩니다.

인간관계 _Key Point_

- 열등감을 토대로 우월감을 향해 한 스텝씩 나아가라
- 비교하고 상처받고 달아나고 극복하길 반복해도 된다
- 이제 타인이 아닌 자기 자신과 비교해야 할 때다

혼자서도 당당하게
살아가는 3가지 비결

아폴로 11호의 승무원으로 1969년 달 착륙에 성공한 우주 비행사 버즈 올드린Buzz Aldrin에게 기자가 질문했습니다. "인간에게 남은 마지막 미개척 분야는 어디일까요?" 그가 말하길 "아마도 인간관계가 아닐까 싶군요."라고 했죠. 그만큼 인간관계는 정복하기 어려운 분야인 것 같습니다. 그렇기 때문일까요? 인간관계는 아들러가 말했듯 '모든 행복의 근원이자 고민의 근원'일 정도로 인간의 숙원으로 남아 있습니다. 고민해서 행복을 찾을 수 있다면 그렇게 하겠다는 이가 대다수 아닐까요. 인간관계는 고민해볼 충분한 가치가 있겠습니다.

＼ 연락 먼저 안 하는 사람의 특징 ／

이헌주　　　　　막상 만나면 엄청 잘하고 또 재밌는데 평소에는 깜 깜무소식으로 연락을 잘 안 하는 분들이 계시죠. 그럴 때 이 사람 은 왜 그럴까 하고 고민하는 분들이 상당히 많을 것 같은데요.

모드가 바뀌는 경우가 있을 수 있어요. 무슨 말인가 하면, 일 할 때는 일만 하고 지인을 만났을 때는 그때 딱 집중하는 겁니다. 그게 잘되는 사람들이 있어요. 반대로 말하면 그렇게밖에 안 되 는 것일 테고요.

또 하나는 내향적인 경우예요. 외향적이면서도 소극적인 경 우도 있겠지만 대체로 내향적일 땐 먼저 연락을 잘하지 않죠. 연 락을 먼저 하기보다 누군가한테서 연락이 오면 받는 걸 선호하 는 경향이 있고요.

그리고 커뮤니케이션의 차이도 있는 것 같습니다. 먼저 연락 을 하는 것 자체가 익숙하지 않은 거예요. 많이 해본 경험이 없어 서일 수도 있죠. 이를테면 "잘 지내? 요즘 어때?" 하는 안부 인사 겸 스몰토크의 시작에 익숙하지 않은 겁니다.

그러니까 커뮤니케이션을 시작해 이끌어 나가기보다 누군가 가 먼저 연락을 해오면 "어, 그래. 나는 잘 지내." 정도로 응답하는 게 더 편하게 느껴지는 거죠.

최명기 　　먼저 연락하지 않는 사람은 몇 가지 특징이 있습니다. 첫째는 거리두기 성향이 있다는 건데요. 거리두기형의 반대는 친밀감 추구형입니다. 친밀감을 추구하는 성향의 사람들은 누군가와 계속 관계를 유지해야 하니까 꾸준히 지인들한테 먼저 연락을 하죠. 반면 거리두기 타입은 먼저 연락할 필요를 느끼지 못합니다.

두 번째는 독립적인 성향이 있다는 겁니다. 의존적인 경우는 타인의 도움이 필요하니까 자꾸 연락을 하는 반면 자극 추구도가 높아 혼자 이것저것 재밌게 하는 독립적인 경우는 타인의 손이 필요하지 않죠.

그들은 왜 먼저 연락을 하진 않으면서 연락이 오면 받아주고 또 만나주느냐 하면 착하기 때문입니다. 착해서 거절을 잘하지 못하는 것일 수 있고요. 그래서 막상 만나면 재밌게 잘 맞춰주는 거죠. 하지만 만남이 끝나면 먼저 연락하는 법이 없습니다. 딱히 아쉬운 게 없는 거죠.

한석준 　　방송계를 보면 왠지 사람 만나는 걸 좋아하는 사람이 많을 것 같다고 생각하지만 제가 보기에는 정반대인 것 같습니다. 혼자 있는 걸 선호하고 사람 만나는 걸 선호하지 않는 부류가 더 많은 것 같아요. 최명기 원장님 말씀 듣고 크게 깨달은 게 있는데, 정말 사람들은 다 달라요.

이를테면 '왜 애는 나에게 먼저 연락하지 않지?'라는 고민을 가진 이들의 생각 회로 방식이 뭐냐 하면 '나라면 좋아하는 사람한테 먼저 연락할 텐데'예요. 그런데 '애는 나한테 한 번도 연락을 먼저 하지 않으니 나를 좋아하지 않는구나'까지 가닿는 거죠. 그렇게 생각한다는 건 나의 마음과 상대의 마음이 똑같다고 보는 겁니다. 하지만 사람은 다 달라요. 단순히 나를 좋아하고 좋아하지 않고의 문제가 아니죠. 차원이 다르다고 할 수 있겠습니다.

＼ 먼저 연락하는 건 중요하지 않다 ／

최명기   먼저 연락하지 않는 사람에겐 꼭 내가 먼저 연락해야 하고 그래야 만나주니까 묘하게 빈정이 상할 수 있을 텐데요. 이건 이른바 '플러스-마이너스'입니다. 그 사람한테 연락하면 즐거울 수 있겠지만 먼저 연락을 한다는 것 자체에 굴욕감을 느껴 괴로울 수 있지 않습니까.

그렇다면 그 괴로움이 즐거움보다 커지는 순간 더 이상 연락을 하지 않게 됩니다. 그런데 어느 순간 보니까 연락할 사람이 없을 수도 있어요. 그 사람 아니면 연락한다고 해도 만나주지도 않을 수 있고요. 그때 느끼는 괴로움보다 그에게 연락해서 얻는 즐거움이 커진다면 다시 먼저 연락하게 되겠죠.

한석준   '얘는 날 친구로 생각하긴 하는 건가? 왠지 내가 손해 보는 것 같은데'라는 생각이 든다면, 그리고 친구라고 하면서 손해가 떠오른다면, 저도 그도 사실은 서로를 친구라고 생각하고 있지 않다는 게 맞을 겁니다.

연락을 계속하고 싶고 또 연락을 하는 게 진짜 친구 사이라고 생각하는 건 내 기준일 뿐이지 그 사람은 그렇지 않을 수 있다는 걸 인정해야 합니다. 그 사람의 생각도 존중해야 하고요. 진짜 친구 사이라면 오히려 그래야 하지 않을까요.

이헌주   저한테도 그런 성향, 그러니까 연락을 먼저 하지 않는 성향의 오래된 친구가 있습니다. 예전에는 그 점이 서운했죠. '왜 나한테 먼저 연락을 하지 않지?' '왜 항상 내가 먼저 연락을 하는 거지?' 하는 의문점과 함께요.

그런데 시간이 지나 보니 다른 친구들이 그러는 겁니다. 그 친구는 원래 먼저 연락 안 한다고요. 저한테만 그랬던 게 아니었던 거죠. 그냥 그 친구의 성향이 그랬을 뿐이에요.

이후에는 가끔 보고 싶을 때 한 번씩 연락하고 만나면 반갑게 맞고 즐거운 시간을 보내고 있죠. 내 마음이라는 안경을 쓰고 상대를 바라보려 하지 않고 있는 그대로 보려 하니 그 친구를 인정하고 또 긍정할 수 있었습니다.

한석준　　　저의 경우 어른이 된 후 알게 된 후배가 있는데, 저를 많이 좋아해줘서 고맙긴 하지만 저한테 대놓고 "형은 왜 먼저 저한테 연락을 하지 않으세요?" "왜 먼저 연락해서 만나자고 하지 않으세요?"라고 말하더라고요.

그런데 저는 한 사람만 만나는 스타일이 아니에요. 넓고 얇게 두루두루 만나는 편이란 말이죠. 그래서 그 후배한테 그런 식으로 말을 듣는 게 상당히 불편하더군요. '내가 왜 애한테 이런 비난을 들어야 하지?' 하고 말이죠.

그러다 보니 결국 그 후배를 멀리하게 되었습니다. 사람이 다 스타일이 다른데 그 다름을 인정하지 않는 건 폭력이라고 봐요.

최명기　　　한편 이런 경우도 있을 수 있습니다. 내가 먼저 연락했을 때 싫어하진 않을까 혹은 불편해하지 않을까 걱정해서 먼저 연락하길 꺼려 하는 경우죠. 그건 애매한 관계 때문에 불편을 느끼고 있는 거예요. 매일같이 만나도 친하게 지내면 아무런 문제가 없어요.

그런데 애매한 관계라면 생각나서 먼저 연락하고 싶다가도 뭔지 모를 불편함이 있기에 연락을 하더라도 메시지 자체가 상당히 모호하고 중립적일 수밖에 없는 거죠. 상대도 모호하고 중립적인 메시지에 어떻게 반응해야 할지 역시 애매해지는 거고요. 결국 그와 꼭 만나야겠다는 적극성이 없는 거죠.

\ 필요할 때만 찾는 관계 끊는 방법 /

이헌주   필요할 때만 연락하는 사람들 많죠. 살다가 그런 사람들과 많이 마주쳤을 거예요. 나도 모르게 누군가에겐 내가 그런 부류의 사람으로 보였을 수도 있겠고요. 저의 경우 도움을 요청하는 친구들만 잔뜩 있는 분을 알고 있습니다. 그를 둘러싸고 동료와 친구, 지인 할 것 없이 그에게 온갖 종류의 요구를 퍼부어요. 그 요구들이 그의 곁에 항상 쌓여 있죠.

그의 특징이라면 누구의 요구라도 잘 들어준다는 겁니다. 의사소통 유형 중에 '회유형'이 있는데요, 이 유형은 타인의 비위를 맞추고 타인의 눈치를 보고 타인의 도움을 들어주며 응답까지 마다하지 않습니다.

일종의 구원자 콤플렉스랄까요. 그는 마음씨도 정말 따뜻한데 주위에 그에게 요구하는 사람들만 득시글하니 정작 그는 자신의 삶을 잘 영위하지 못하는 것 같았어요. 타인을 챙기느라 자신을 챙기지 못하는 거죠.

그는 사람들이 나한테 호감이 있어서 요구하는 건지 내가 잘 들어주니까 요구를 하는 건지 너무 궁금하다고 하더군요. 그래서 제가 실험 하나를 제안했습니다.

예를 들어 그에게 정말 좋은 일이 생겼어요. 이를테면 승진을 했다거나. 그래서 그에 대해, 좋은 일이 생겼다는 걸 주위 사람들

'회유형'은 타인을 챙기느라고
자신을 챙기지 못한다

한테 말을 한 거죠. 놀랍고 충격적이게도 그의 주위 사람들은 그가 승진을 했다는 사실에는 전혀 관심이 없다는 겁니다. 오히려 "승진했으니까 돈도 많고 시간도 많고 인맥도 많겠네? 나 좀 도와줘라." 하는 식으로 또 다른 요구를 하기 시작한다는 거죠.

최명기　　　이헌주 교수님이 말씀하신 그분을 분석해보면요. 일단 그분은 착해요. 그런데 착한 것보다 두려움이 더 크게 작용하는 것 같습니다. 자율성이 약하기 때문에 타인의 요구를 거절할 수 있는 힘이 없는 거죠.

그래서 전 나한테 호감이 있어서 요구하는 건지 내가 잘 들어주니까 요구를 하는 건지 구별하고자 이헌주 교수님의 실험과 다른 종류의 실험을 해봤어요.

우선 거절을 하는 겁니다. 친구라면 화를 내지 않을 거고요. 화를 내면 친구가 아니죠. 혹여 화를 내면 싸우면 됩니다. 그런 사람들은 부탁했을 때 돌아오는 이익보다 부탁했을 때 싸움으로 이어지는 과정에서 얻는 피해가 더 크다고 생각하면 더 이상 부탁하지 않고 다른 사람을 찾을 겁니다.

두 번째는 별거 아니거나 쓸데없는 부탁을 해보는 겁니다. 그때 "별거 아닌 거니까 네가 하면 되잖아."라는 식으로 답이 돌아올 수 있겠죠. 하지만 별거 아닌 부탁도 들어주지 않는 사람은 크고 대단한 부탁도 들어주지 않을 겁니다.

그래서 필요할 때만 부탁하는 사람들을 어떻게 생각하고 바라보면 되느냐 하면, 작은 규모의 보이스 피싱 업체라고 보면 됩니다. 보이스 피싱은 보통 한 번에 몇천몇만 명한테 작업을 걸지 않습니까. 비슷하게 그도 도움이 필요할 때면 나뿐만 아니라 몇 명에서 몇십 명한테 작업을 걸 게 분명합니다.

그러니 굳이 내가 들어주지 않아도 괜찮아요, 걱정하지 않아도 되고요. 그는 내가 아닌 다른 사람, 또 다른 사람을 찾을 거고 결국 부탁을 들어줄 사람을 찾아낼 테죠. 그러니 그런 사람에게 연락이 오면 '보이스 피싱이구나' 하고 생각하면 편할 겁니다.

이헌주　　　최명기 원장님 의견에 너무나도 동감합니다. 앞서 말씀드린 그분도 실제로 주위에서 무한정으로 요구만 하는 누군가에게 아주 작은 부탁을 해봤어요. 그런데 놀랍고 충격적이게도 단칼에 거절을 당한 거죠.

그분은 주위의 온갖 요구를 다 들어줬는데 정작 작디작은 요구에 돌아오는 건 싸늘한 한마디뿐이었던 겁니다. "글쎄, 그건 좀 힘들겠는데?" 하고 말이죠. 그래서 그분이 그때 큰 충격을 받고 주위 사람들을 제대로 들여다보고 정리를 했습니다. 정리를 하고 나니까 그 빈자리가 오히려 좋은 사람들로 채워졌다고 하더군요.

최명기　　　부탁 잘 들어주는 사람들에겐 이른바 하이에나들이 꼬이기 시작합니다. 그들은 끼리끼리 몰려다니면서 소문을 내는데, "누가 돈을 잘 빌려주더라."라고 소문이 나면 "나도 들이대봐야지."라며 몰려가죠. 그렇게 한 번 돈을 빌려주면 호구 되는 건 순식간이에요. 회사에서도 이를테면 "김 대리한테 컴퓨터 봐달라고 하면 다 해줘."라고 소문나면 이후부턴 김 대리한테 다 몰려드는 거죠.

하이에나들은 자기네끼리 탄탄한 정보망을 구축해놓고 있어요. 정말 보이스 피싱 조직 같죠. 개인정보부터 전부 털리고 시작하는 거예요.

사회 지능이라는 건 얼마나 주위 여건을 잘 갖춰 행복하게 지내는지에 따라 달라지지 않습니까. 또 내게 맞는 사회적 능력을 성찰해 행복을 얻는 것이지 않습니까. 하여 내가 모든 사람의 부탁을 다 들어주고 있다고 했을 때 행복하다면 괜찮습니다. 자존감이 올라간다는 방증이니까요.

우리는 태어날 때부터 관계를 맺을 수 있는 사람 수가 정해져 있습니다. 30명 내외가 표준이죠. 그러나 직접적으로 관계를 맺고 완벽하게 관리하는 사람 수는 손가락으로 뽑을 정도입니다. 즉 10명 이하죠.

그런 와중에 수십 명의 사람과 직접적으로 관계를 맺을 수 있는 능력이 있는 사람이 있고 그런 능력이 안 되는 사람이 있습니다. 능력이 된다면 능력을 사용해야 편해요. 이를테면 매일같이 모임을 하나씩 갖더라도 괜찮죠.

하지만 능력이 안 되는데 일정 정도 이상의 관계 맺기를 원하면 언젠가 파국에 이를 수 있습니다. 이를테면 주위에 온통 배신자 투성이일 수도 있는 거예요. 즉 사회적 지능과 사회적 능력은 다를 수 있다는 겁니다.

＼ 인간관계의 특수성과 대처법 ／

한석준　　　요즘 '인간관계 따위 없어도 된다'라는 식의 영상들이 많이 보입니다. 제 생각으로 '인간관계는 필요 없다'라는 말은 옳지 않다고 봐요. 수식어 하나가 빠져 있기 때문인데요. '나를 너무 피곤하게 하는'이 빠져 있습니다. 즉 '나를 너무 피곤하게 하는 인간관계는 필요 없다'가 알맞다고 봐요.

앞서 언급한, 전화를 먼저 해야 하는 상대나 내게 부탁만 하는 상대 등 때문에 피곤해하는 분들이 그럼에도 불구하고 그 관계를 끊어내지 못하는 이유는 관계를 끊었을 때 나 홀로 남는 게 아닌가 하는 두려움 때문이죠.

그렇게 생각하는 사람들에 한해서 그런 관계 따위는 놔버려도 된다고 말하는 것이지, 완전한 고독에서 나 홀로 살아가는 삶이 옳다는 말은 절대 아닙니다. 인간관계는 반드시 필요하다고 봐요.

최명기　　　자못 슬픈 사실이지만 인간관계에는 돈이 필요합니다. 그런데 사람을 만나야 비로소 사회적 능력과 사회적 행복이 충족되는 사람들이 많습니다. 특히 젊은 세대에서 나타나는 특징이기도 한데요. 여기서 또 슬픈 건 그들은 돈이 많지 않아요. 그래서 어쩔 수 없이 인간관계를 줄여야 해요. 그러다 보니 '인간관계를 줄이는 게 올바른 삶의 방식이구나' 하고 생각해요.

이를테면 친구랑 만나서 이번에 내가 샀으니까 상대도 한 번 사야 하는데 형편이 안 되다 보니 그렇게 못하는 경우가 있어요. 그렇게 오랜 시간이 지나면 나는 상처 받고, '우리가 진정한 친구 사이 맞나?' 하는 의심까지 생기기도 해요.

하지만 상대가 내게 돈을 쓰지 않는 이유가 나를 싫어해서도 아니고 나를 잊어서도 아닌 형편이 어렵기 때문일 수도 있거든요. 그런 식으로 인간관계가 망가지는 경우가 많습니다.

이헌주　　　반응하는 게 아니라 적절히 대처하는 게 필요하다고 봅니다. 인간관계로 너무 스트레스를 받아 모든 인간관계를 손절한다는 건 좋지 않겠죠. 또 모든 인간관계에서 무조건 숙이고 들어간다는 것도 좋지 않겠습니다.

그런가 하면 모든 인간관계에서 다 되받아치는 것도 좋지 않겠고요. 각각의 상황과 특성에 맞게 균형적으로 의도와 맥락에 따라 지속적으로 연습해보면 좋을 것 같습니다.

상대에 지나치게 맞춰준다는가 나를 향한 상대의 평가와 생각을 너무 신경 쓴다든가 할 때는 우선 '나'부터 생각해보는 연습이 필요해요. 지나친 인간관계 관리가 부질없는 경우가 많습니다. 그러니 내가 좋아하는 사람들과 다정한 인간관계를 유지하며 나를 지켜나갈 수 있는 토대를 마련할 필요가 있겠습니다.

이헌주　　　　저의 경우 내가 상대를 두고 생각한 거리와 상대가 나를 두고 생각한 거리가 서로 다를 때, 그러니까 나는 상대와의 사이가 굉장히 가깝고 서로 친하다고 생각해서 정을 많이 줬는데 상대는 나와 같은 생각이 아니었다는 걸 깨달았을 때 이른바 '현타(현실 자각 타임)'가 오더라고요. 나 혼자만의 생각이었구나 하고 말이죠. 비로소 내가 처한 상황을 깨닫는 겁니다.

그리고 SNS가 삶의 큰 부분을 차지하다 보니 SNS상에선 서로 친구 추가하고 좋아요 누르고 댓글도 많이 달아주지 않습니까. 그래서 서로 엄청 친하다고 생각하죠. 그런데 실제로 만나 보니 생각보다 간극이 큰 거예요. 그런 상황들이 많이 연출되고 있는 실정이죠. 허무한 겁니다.

온라인상으로는 친구가 천 명, 만 명이 넘는데 그중에서 진정한 친구, 아니 실제로 만나도 간극이 크지 않은 정도의 관계가 많지 않다는 사실에서 괴리감이 생기는 것 같습니다. 친구라는 말과 친구가 내포한 것 사이의 괴리감 말이죠.

최명기　　　　프랑스 철학자로 포스트모더니즘의 거두 자크 데리다Jacques Derrida가 오늘날 여기에 있었으면 커다란 깨달음을 얻고 갔을 거예요. 그는 말했죠.

"말의 의미는 지시하는 대상이 아니라 말의 차이(다름)에 의해 결정된다."

그 말의 요지는 말이 독립한다는 거예요. 이를테면 친구에 내포된 의미(가깝게 오래 사귀어 정이 두터운 사람)와 친구라는 단어 자체는 본래 일치했지만, 시간이 지나면서 친구라는 단어가 홀로 독립해 자기 뜻대로 한다는 거죠. 그렇게 친구는 친구 아닌 친구가 되어버린 겁니다.

＼ 혼자서도 당당하게 살아가는 비결 ／

한석준　　　혼자서도 당당하게 설 수 있는 방법으로 가장 권하고 싶은 건 **스스로가 어떤 사람인지 확실하고 명확하게 아는 겁니다.** 다양한 책을 읽어 보며 지식과 지혜를 얻는 게 확실히 도움이 되고요. 그리고 꼭 나 홀로 독립적으로 당당하게 서지 않고 여전히 타인에게 의존적이더라도 요즘 같은 세상에선 충분히 행복할 수 있다고 봅니다. 예전에는 친구의 정의가 굉장히 협소했는데 요즘은 친구 만드는 게 얼마나 쉽나요.

이를테면 동호회도 수많은 종류가 있고 같은 취미를 공유하는 모임도 수없이 많잖아요. 찾는 것도 어렵지 않고요. 그러니 내가 즐거움을 느끼고 편한 취미를 공유하는 인간관계를 찾아보는 게 좋을 것 같습니다. 그게 훨씬 쉬운 방법일 것 같고요.

이헌주   정서 지능에는 크게 세 가지 요소가 있습니다. 첫 번째로 자기 이해, 두 번째가 타인 이해, 그리고 세 번째가 상호작용의 능력이에요.

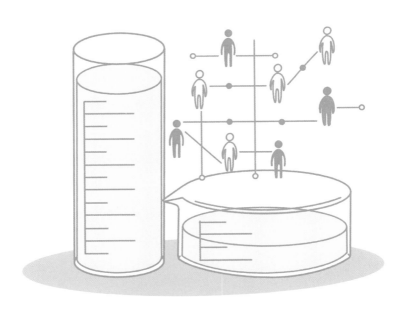

인간관계의 본질은
스킬보다 깊이에 있다

자기 이해라면 '나는 어떻게 사람들과 관계를 맺는가' 하고 스스로를 관찰하며 거울로 보는 거죠. 타인 이해라면 '그는 어떤 사람인가' 하고 타인을 정확히 볼 수 있는 능력이죠. 그리고 상호작용의 능력이라면 나와 상대의 교집합을 구성하는 능력입니다.

요즘 '호감 가는 커뮤니케이션 스킬' 등의 이야기를 많이 하는데, 물론 그런 스킬도 필요하겠지만 인간관계의 본질은 '깊이'라고 생각해요. 이를테면 친구가 몇백 명이다, 심지어 몇천 명이다 자랑하는 건 오히려 정서적으로 결핍되고 공허한 상태의 방증인 거죠. 지금 이 순간 내게 정서적으로 의미 있는 사람, 그와 깊은 상호작용을 이룰 수 있는 능력이 중요하다고 봅니다.

최명기   외로움과 허전함이 감정을 대처하는 것에 대해 생각해봤는데요. 알코올 의존증 극복 방법 중 하나가 생각났습니다. 그들은 배가 고프면 술을 마시고 싶다고 생각한답니다. 그때 술을 마시지 말고 밥을 먹어보라고 합니다. 그리고 화가 나면 술을 마시고 싶다는 생각이 든다고 합니다. 그때 술을 마시지 말고 그냥 화를 내라고 합니다. 또 외로우면 술을 마시고 싶다는 생각이 든다고 하는데요. 그때 바로 누군가를 만나야 합니다. 심심해서 술을 마시고 싶다는 생각이 들 때는 빨리 뭐라도 해야 합니다.

우리가 보통 외롭다, 허전하다고 생각하는데요. 사실 여기에 곁가지로 섞여 있는 게 있습니다. 바로 외로움과 허전함의 친척인 심심함이죠. 재밌는 게 없거나 재밌는 걸 할 수 있는 능력이 없을 때 외롭다고 느끼는 겁니다. 그땐 재밌는 뭔가를 찾아야 해요. 그리고 재밌게 지낼 수 있는 능력이 없다면, 그 이유가 우울해서 쳐져 있는 건지 몸이 아픈 건지 알아야 하고요.

또 외로움과 허전함의 안을 들여다보면 공황발작 수준이라고 할 만한 불안이 도사리고 있는 경우가 있습니다. 가슴이 두근거리고 숨이 막히는 듯하다가 계속 혼자 있으면 죽을 것 같아요. 그럴 때는 불안을 제거해야 하는데, 전문가의 도움을 받든지 하다못해 어디론가 훌쩍 떠나버려야 하죠.

외로움과 허전함은 근본적인 감정이기 때문에 문자 그대로 외로움과 허전함 자체로 대하면 속수무책으로 무너져내릴 수 있습니다. 그 안에 도사리고 있는 **진짜 감정을 알아채고 근본적인 해결로 나아가야 합니다.** 영화 〈해피 투게더〉의 한 대사예요.

> "늘 그와 많이 다르다고 생각해왔는데, 사람들은 고독해지면
> 결국 똑같다는 걸 깨달았다."

이헌주　　　　인간관계 때문에 상처를 많이 받기도 하지만, 그럼에도 불구하고 '인간관계야말로 희망'이라고 말하고 싶습니다. 나 홀로 살겠다고 천명하는 것보다 건강한 인간관계를 구축해 서로 연결되는 게 좋다고 생각해요.

한석준　　　극단적인 인간관계 유형들이 많을 텐데요. 가장 흔하게 보이는 케이스에서만 보면 '사람은 모두 다르다'라는 사실을 받아들이는 과정이 필요한 것 같습니다. 거기서부터 시작해야만 인간관계의 본질에 조금이나마 가닿을 수 있을 것 같아요.

최명기　　　인간관계가 어려운 이유가 나 혼자만이 아니라 상대도 함께 움직이기 때문입니다. 그러나 그렇기에 인간관계에는 예상치 못한 행운이 뒤따르죠. 죽을 것처럼 힘들고 어떻게 해야 할지 고민이 될 때 저절로 해결되는 경우도 많다는 겁니다.

　　굳이 노력하지 않아도 저절로 잘되는 행운이 따르는 게 바로 인간관계예요. 반면 아무리 노력해도 뜻대로 되지 않는 게 바로 인간관계고요. 그래서 인간관계는 정복하기 어려운 영역이거니와 인간의 숙원이기도 하죠. 하여 천착해볼 만한 가치가 있다고 생각합니다.

인간관계 *Key Point*

♟ **스스로 어떤 사람인지 확실하고 명확하게 알아야 한다**
♟ 자기 이해, 타인 이해, 상호작용까지 이루는 게 좋다
♟ 진짜 감정을 알아채고 근본적인 해결로 나아가야 한다

진짜 '나'를 찾아가는 5가지 방법

1975년 심리학자 에드워드 데시Edward Deci와 리처드 라이언Richard Ryan이 발표한 '자기결정성 이론'은 현대 동기 이론 중 가장 주목받는 바 '유능성' '관계성' '자율성'이라는 인간의 3가지 기본 심리 욕구가 주를 이룹니다. 이 욕구들이 모두 채워지면 누구나 심리적으로 건강해진다는 거죠. 그중 하나가 바로 '관계성'으로 타인과의 안정적이고 조화로운 관계에서 느끼는 안정성을 말합니다. 그 말인즉슨 타인과의 관계가 틀어지면 심리적으로 건강해질 수 없다는 걸 의미하죠. 인간관계가 상처가 되기 전에 내 마음을 단단하게 만들고 타인의 감정에 휘둘리지 않으며 성숙한 관계로 나아가는 법을 마련해야 할 것입니다.

＼ 인간관계에 집착했던 경험 ／

한석준   저의 경우 1년에 한 번 정도 보면 굉장히 친한 사이라고 생각합니다. 나이가 들수록 횟수가 점점 더 줄어드는 것 같아요. 같이 일하는 사이가 아니라면 자주 보는 게 쉽지 않죠. 그래서 예전에는 반강제적으로 계 모임 같은 걸 하기도 했던 것 같습니다.

사실 저는 20대 때 인간관계가 넓은 사람을 무척이나 부러워했어요. 그래서 처음 만나는 사람이라도 무조건 나이를 따져서 형 동생 하는 식으로 인간관계를 맺곤 했죠. 형 동생 하기 시작하면 빠르게 친해질 수 있거든요.

그런데 나이가 들고는 성향이 바뀐 건지 아니면 원래 그런 사람이었는지 모르겠지만, 만나는 모든 사람과 형 동생 하는 식으로 친하게 지내는 게 좋지만은 않더라고요.

그래서 요즘에는 그런 거에 집착하지 않고, 오히려 그런 사이를 꺼리게 되었습니다.

최명기   저는 인간관계에 집착하는 편은 아닙니다만, 젊었을 적 한때는 혼자 집에 들어가기가 싫은 적이 있어요. 그러면 학교 앞에 있는 술집이나 식당에 아는 사람이 있나 들여다보는 거죠. 아는 사람이 있으면 들어가 함께 술을 진탕 마시다가 집에 들

지식인사이드: 인간관계 편

어가곤 했습니다.

나중에 그때를 돌아보니 '되게 외로웠구나, 우울했구나' 하고 깨닫는 거죠. 저 역시 인간을 그리워하던 때가 있었던 겁니다. 혼자 있기가 싫었던 거예요.

그런데 그건 좀 다른 것 같아요. 혼자 있기가 싫은 게 꼭 누구와 같이 있고 싶다는 건 아니라는 거죠.

＼ 자연스러운 인간관계 변화 양상 ／

이헌주　　　　나이가 들면서 생기는 인간관계의 변화라고 하면 사회적 관계, 비즈니스 관계의 수는 빠르게 늘어가는데 예전 멋도 몰랐을 때 가진 친밀한 관계는 점점 옅어지고 사라지는 것 같다는 것입니다. 세상 물정을 알아갈수록 각각 삶의 방식에서 점점 차이가 나기 때문일 겁니다.

독일 출신의 미국 발달심리학자 에릭 에릭슨^{Erik Erikson}이 '심리사회적 발달 단계 이론'을 통해 말했습니다.

> "청년기 때는 친밀감이 주요 발달 과업이지만 중년기에 이르면 생산성이 주요 발달 과업이다."

나이가 들면서
친밀한 관계는 점점 옅어진다

　더 자세하게 들어가 보면 태어나서부터 1세까지는 신뢰감이, 2~3세에는 자율성이, 4~6세에는 주도성이, 7~11세에는 근면성이, 12~20세에는 정체성이, 20~40세에는 친밀감이, 40~65세에는 생산성이, 65세 이상에는 자아통합이 주요 발달 과업입니다. 그중에서 청년기를 지나 중년기에 이르면 내가 뭔가를 만들고 또 이루는 게 중요해지는 것이죠.

한석준　　　이헌주 교수님의 말씀을 들으니 제가 왜 그렇게 변했는지 이해가 가는 측면이 있네요. 예전에는 친구를 만나는 게 무엇보다 좋았지만, 지금은 친구를 만나는 횟수가 많이 줄어들었어요. 이유를 생각해보니 할 일이 너무 많은 겁니다, 하고 싶은 일도 많고요. 40세 이후부턴 생산성이 주요 발달 과업이라고 하니 똑 들어맞는 것 같아 신기하네요.

최명기　　　어렸을 적 친구들이 어른까지 쭉 이어지는 경우가 많습니다. 그런데 사회생활을 시작하고 또 사는 곳도 멀어지면, 드문드문 모임을 갖다가 점점 그 횟수조차 줄어들죠.

한편 나이가 들면 자신의 주장과 의견이 확고해져요. 그러니 그저 남의 의견을 들어주는 편이었던 어렸을 적과 다르게 마음이 맞는 사람하고만 만나기 시작합니다. 굳이 친구들을 만날 이유가 없어지는 거죠.

그리고 어렸을 때나 소위 젊었을 적에는 친구가 없으면 안 될 것 같아 억지로라도 친구를 만들고 유지해야 했는데, 나이가 먹으면서는 혼자 있는 것도 괜찮아지고 오히려 혼자 있는 시간을 즐기기까지 하니 친구가 사라지는 겁니다.

＼ 인간관계가 더 나빠지지 않으려면 ／

최명기   우리는 왜 인간관계를 맺고 싶어 할까요? 그 이유 중 하나는 내가 힘든 걸 누군가한테 얘기하고 또 위로받고 싶어서예요. 나를 좋아하고 내게 위로해주는 사람들이 많다면, 나는 그들에게 각각 조금씩 얘기하면 됩니다. 그러면 나도 편하고 그들도 편해요.

그런데 문제는 그렇지 못할 때 발생해요. 내 인간관계가 엉클어졌을 때죠. 사람들이 나를 피하기 시작해요. 그러면 나는 얼마 남지 않은 사람들한테 더 많은 걸 얘기해야 하죠. 내 곁에 10명이던 사람이 1명만 남았다면, 나는 10명한테 각각 조금씩 하던 얘기를 1명한테 모두 해야 해요. 그럼 그는 결국 질리고 나를 피할 테죠. 그런데 그럴 때면 그는 혼자 피하는 게 아니라 주위 사람들에게 알려주니 전부 나를 피하고 맙니다.

결국 인간관계는 풍요로운 이에겐 더 많은 기회가 주어지고 절실하고 외로운 이에겐 기회가 줄어들어요. 그래서 어느 시점에 이르러선 결단이 필요하죠. 좋은 인간관계를 맺기 위해 노력해야 하는 게 아니라 더 나빠지지 않으려면 아무것도 하지 않아야 한다는 결단을 내려야 해요.

저를 찾아오는 분들의 얘기를 들어보면 가장 안타깝고 속상할 때가 바로 그와 같습니다. 내가 정말 힘들어서 구구절절 얘기

인간관계는 풍요로운 이에겐 더 많은 기회가 주어지고
절실하고 외로운 이에겐 기회가 줄어든다

하면 정작 얘기할 사람이 줄어들어요. 그럴수록 내가 얘기하는
강도가 심해지고 사람들은 점점 더 나를 피하죠. 결국 나는 더욱
더 외로워지는 겁니다. 악순환이에요.

　그런 한편 저를 찾아오는 분들이 공통적으로 어렸을 때 후회
된다고 말하는 부분이 있는데요. '어렸을 때 달랐더라면' 하는 겁
니다. 예를 들어 '중고등학교 때 그렇게까지 나대지 않으면 따

돌림은 받지 않았을 텐데' 하고 생각하는 분이 있는가 하면 '중고
등학교 때 더 말도 잘하고 밝았으면 친구들이 많았을 텐데' 하고
생각하는 분이 있죠. 과거로 돌아가 바꾸고 싶어 하는 겁니다.

그렇게 공통적으로 과거를 후회하는 건 지금의 나를 기준으
로 하기 때문이에요. 그때로 돌아가더라도 달라지는 건 없을 겁
니다, 똑같을 테죠. 그렇기에 말씀드리자면, 과거로 돌아가면 바
꿀 수 있을 거라고 생각한다는 것 자체가 지금 이미 달라졌다는
의미이기에 앞으로 계속 이 방향으로 가면 잘될 겁니다.

＼ 인간관계가 힘들 때 홀로 서는 법 ／

최명기　　　　인간관계에 집착하지 않고 홀로 서는 법은 바로 내 자신
이 강해지는 겁니다. 사람마다 타고 태어나길 인간관계에 편안한
정도가 있어요.

어떤 사람은 아무도 만나지 않아도 편해요. 그런데 그런 사람
이라도 약해지면 꼭 한 사람은 있어야 한다고 생각해요. 문제는
나중에 다시 강해지면 그 한 사람이 귀찮아집니다. 그러면 그는
자신이 배신당했다고 생각하겠죠.

또 어떤 사람은 매일매일 10명 넘게, 일주일에 100여 명을
만나도 인간관계를 잘 유지할 수 있어요. 그런데 약해지면 절제

　　　　　　　　　　　　　지식인사이드: 인간관계 편

력이 떨어져요. 생각하는 대로 입에서 그대로 전달되는 거죠.

인간관계가 엉클어질 때 인간관계로 인간관계를 해결하려 해요. 그렇게 끝없는 악순환이 계속되죠. 그때는 멈추고 내가 얼마나 약한 상태인지 들여다봐야 해요.

이를테면 해외여행을 다녀오면 대체로 좋아지지 않습니까. 해외에 나가면 인간관계에서 멀어지니까요. 엔간하면 정리하고 올 수 있는 거죠. 그렇게 다시 강해지는 거예요.

그러니 인간관계가 엉망일 때 근본적인 해결책은 단 하나예요. 내가 강해지는 겁니다. 내가 강해지는 방법 중 하나는 나를 약하게 하는 현실적인 고통을 해결하는 것이고요.

이를테면 돈이 없어 망하게 생겼으면 결국 그 문제를 해결해야죠. 문제를 피해 휴식을 취하면서 강해질 수도 있겠습니다. 혹은 누군가 나를 지독하게 괴롭히고 힘들게 한다면 그와의 관계를 단절하는 것만으로도 다시 강해질 수 있을 겁니다.

한석준   저의 경우를 되짚어 보면, 정말 엄청 힘들었던 순간들이 떠오르는데요. 그 순간마다 누군가를 만나 해결하려 한 게 아니라 **모든 관계를 다 차단하고 혼자 어디론가 숨어들어갔던 것 같습니다.** 숨어들어가면 삶이 되게 단순해져요. 잠자고 일어나서 할 일 하는 것밖에 없죠.

그때 혼자 캠핑도 자주 다녔는데 굉장히 편하고 좋았어요. 당시에는 그게 왜 편하고 좋았는지 몰랐는데 최명기 원장님 말씀 들으니 이해가 갑니다. 그때 혼자 숨어들어가 다시 강해지는 중이었던 거죠.

이현주　　　최명기 원장님과 한석준 아나운서님의 말씀에 동의하는 게, 곰이나 호랑이 같은 맹수도 힘들고 또 다치면 자신만의 굴로 들어가 숨지 않습니까. 아무리 사람 만나는 걸 좋아하고

혼자만의 시간을 가지며
나와의 진솔하고 깊은 대화가 필요하다

인간관계 맺는 걸 즐겨도 내 공간이 필요하고 또 나하고만 지내는 시간이 필요한 것 같습니다.

그리고 인간관계로 외로움과 허전함을 온전히 채울 수 있느냐 하면 그럴 수 없죠. 외로워 사람을 만난다지만 군중 속에서도 고독하듯 사람과 만나면서도 외롭거든요. 하여 인간관계에 집착하는 건 해가 될 뿐입니다. 내 외로움과 허전함을 무조건 인간관계에서 찾고 또 채우려 하기보다 **혼자만의 시간을 가지면서 나와 진솔하고 깊은 대화를 나눠보는 것도 필요하다고 생각합니다.**

한석준   제가 보기에 서로 대치되는 두 개념이 있습니다. 한쪽은 지금 너무 외롭고 허전해서 인간관계가 필요해요. 그는 '누구든 상관없으니 내 옆에 있어줘'가 아니라 나를 좋아하는 사람이 필요한 거예요. 내 상황을 이해해주는 사람 말이죠. 그런데 다른 한쪽은 타인의 말을 들어줄 여유가 없어요. 그런 사람을 만나서 자기 말 좀 들어달라고 하면 씨알도 안 먹일 겁니다. 그런데 그렇게 해야 극복이 된다는 게 슬픈 거죠.

여기서 조금 샛길로 새보면, 타인에게 호감을 사기 위해 가장 중요한 건 내가 말을 재밌게 하는 게 아니라 내가 타인의 말을 잘 들어주는 겁니다. 이를테면 내가 심심할 때면 말 잘하는 사람을 찾고 내가 힘들 때면 말 잘 들어주는 사람을 찾는 거죠. 그만큼 말을 잘 들어주는 사람이 호감을 갖기 쉽다는 말이에요.

이현주   그렇다면 뭘 어떻게 하라는 걸까 헷갈릴 수 있는데 그럴 필요가 없습니다. 인간의 욕구에는 여러 가지가 있는데요. 관계 욕구, 혼자 있고 싶은 욕구, 즐거움을 만끽하고 싶은 욕구, 자유롭고 싶은 욕구, 맛있는 걸 먹고 싶은 욕구 등 다양하죠.

이를테면 투자를 할 때 분산 투자 개념이 있지 않습니까. 바로 그 분산 투자 개념을 가져오면 좋을 것 같아요. 인간관계가 힘들 때 '무조건 나만의 공간으로 숨어들어간다' 혹은 '무조건 사람을 만난다' 하는 식으로 정해놓기보다 여러 가지 욕구를 두루두루 채우는 식으로 하면 더 좋지 않을까 싶습니다.

＼ 인간관계의 허무함을 깨닫는 시기 ／

최명기   저의 경우 초등학교 3~4학년 때, 그러니까 10살 무렵에 인간관계의 허무함을 깨달았던 것 같습니다. 10살 이전에는 엄마의 인간관계가 곧 나의 인간관계예요. 엄마가 서로 짝을 이뤄 같이 놀라고 해야 같이 놀죠. 그런데 10살이 넘어가면서는 본인이 선택하기 시작해요. 그렇게 대체로 중학교 2학년부터 대학교 2학년까지 이어집니다.

내 안에는 내향적인 성격이 숨어 있고 활발한 성격이 활개를 치고 있어요. 그렇게 하고 싶은 걸 마음껏 하면서 놀다 보니 스스로를 활발하다고 생각하죠. 그런데 그 활발함은 중학교 2학년부터 고등학교, 대학교 2학년까지 점점 줄어듭니다.

과잉활동이 줄어든다고 하죠. 과잉활동이 줄어들면서 내향적으로 바뀌는 겁니다. 빨리 오는 경우 초등학교 5학년 때 오기도 해요. 그럼 부모가 오해를 해요. '우리 아이가 자존감이 낮아졌네, 인간관계를 맺지 못하는 것 같아' 하고 말이에요. 위축된 게 아닌데 말이죠.

반대인 경우 어렸을 때 낯가림이 심하고 겁이 많아요. 그런데 안에는 관심받고 싶은 마음이 도사리고 있죠. 그래서 가끔 갑자기 반장 선거에 나가곤 해요. 그런 경우 활발함을 추구하지만 겁이 많아서 드러나지 않아요.

그러다가 겁이 조금씩 줄어들어요. 전자의 경우 활발함이 줄어드는 반면 후자의 경우 겁이 줄어드는 겁니다. 대학교에 가선과 대표도 하고 학생회장 선거에 출마도 할 수 있죠.

어른이 되어선 사람들이 웬만큼 이상 있는 집단에 속하느냐 사람들과 딱히 관계를 맺지 않고 혼자서 활동하느냐에 따라 나뉘어요. 그때 내가 비록 인간관계 맺는 걸 선호하진 않더라도 출세하고 또 성공하고 싶으면 조직에 들어가 소속되어 지내게 됩니다.

그러다가 은퇴할 나이가 되어 직장에서 나오면 더 이상 인간관계를 유지해야 한다는 필요성을 느끼지 못해요. 인간관계 맺는 걸 선호하지 않을뿐더러 원하는 결도 아니니까 말이죠. 이후에는 나의 결에 맞는 인간관계만 맺고 쭉 가는 겁니다.

＼ 진짜 '나'를 찾아가는 법 ／

최명기 '진짜 나'는 철학에서 '주체'라고 표현합니다. 예를 들어보면, 굉장히 착하거니와 나를 위해 항상 착하게 굴어준 사람이 있어요. 그가 나를 생각하는 마음 중 99%가 좋아하는 마음이라면 불만은 1%에 불과할 정도예요.

그런데 어느 날 술을 마시고 바로 그 1%가 사고를 치고 말았어요. 그가 말하길 "오늘은 너 너무 지겨워."라고 하니 나는 "네 진심이 그거였어?"라고 맞받아치죠. 그때 그가 나를 생각하는 마음의 99%가 진심일까요, 1%가 진심일까요.

그의 마음 중 99%가 진심이냐 1%가 진심이냐는 받아들이는 내 생각과 기준에 따라 다릅니다. 만약 그가 나를 생각하는 마음에서 단 1%의 불만도 용납할 수 없다면 바로 그 1%의 불만이 진짜인 거죠.

반대인 경우도 있어요. 나를 굉장히 싫어하는 사람이 있어요. 그가 어느 날 술을 마시고 나를 와락 껴안더니 "난 네가 너무 좋아."라고 하는 겁니다. 원래 그가 나를 생각하는 마음 중 1%만 좋

지식인사이드: 인간관계 편

아하는 마음이고 99%는 싫어하는 마음이거든요. 그런데 내가 바로 그 나를 좋아하는 마음인 1%를 받아들이면 그게 진짜인 겁니다.

진짜 나, 즉 진실된 나와 거짓된 나를 양분해 생각하려는 게 과거 심리학의 주된 주제였습니다. 트루 셀프(True self, 참 자기)냐 펄스 셀프(False self, 거짓 자기)냐 혹은 가면이냐 아니냐, 그건 맞지 않다고 봐요. 내가 좋아하고 편한 모습이냐 혹은 내가 싫어하고 불편한 모습이냐가 중요해요.

그리고 내가 좋아하고 편한 모습조차 시간과 공간, 상황에 따라 완전히 바뀔 수 있습니다. 하여 진실된 나와 거짓된 나로 양분해 생각하는 건 고정관념에 불과해요. 그냥 되는 대로 재밌게 살면 되는 거 아니겠습니까.

내 안에는 외향적이면서도 동시에 내향적인 나도 있을 테고 활발하면서도 겁 많은 나도 있을 겁니다. 사람들이 모두 나를 좋아했으면 하는 마음이 있는가 하면 동시에 불특정다수를 향한 복수심에 불타오를 수도 있는 거예요.

그러니 '이건 좋아하는 나니까 진짜 나로 해야지' '이건 싫어하는 나니까 가짜 나로 해야지'라고 하는 건 미성숙한 태도라고 생각합니다. **내 안에 상반된 여러 가지 측면을 두고 있는 그대로를 받아들이는 걸 잘할수록 훌륭한 인격체라고 할 수 있을 테죠.**

이현주　'참 자기'와 '거짓 자기'가 있다고 할 때, 거짓 자기를 두고 사회적 가면이라든지 페르소나라고 합니다. 참 자기와 거짓 자기를 최초로 구분한 학자가 앞서 언급한 바 있는 영국의 정신분석학자 도널드 위니컷인데요. 그에 따르면 거짓 자기라고 자기가 아닌 게 아닙니다. **참 자기도 자신이고 거짓 자기도 자신이죠.** 그렇다면 무엇이 거짓 자기냐 하면, 자기를 이루는 전체 중 아주 극소수 부분만 너무 부각되는 건데요.

　예를 들어 타당성과 신뢰도를 잘 구축한 성격 검사 중에 '빅 파이브Big 5 검사'라는 게 있습니다. 빅 파이브에는 개방성, 성실성, 외향성, 우호성, 신경성이 있고요. 그중에서 외향성을 보면 반대의 의미로 내향성이 있지 않겠습니까.

　외향적인 사람에겐 모든 걸 외향으로 따지고 내향적인 사람에겐 모든 걸 내향으로 따지는데, 무 자르듯 범주를 나눌 수 없는 거죠. 연속 스펙트럼의 빨주노초파남보에서 빨강과 주황을 명확

빅 파이브 검사

핵심 요인 1	개방성
핵심 요인 2	성실성
핵심 요인 3	외향성
핵심 요인 4	우호성
핵심 요인 5	신경성

하게 나눌 수 없는 것처럼요. 외향적인 사람이나 내향적인 사람이 각각 100%의 외향과 100%의 내향을 가질 수 없을 것입니다.

이를테면 내가 외향적인 측면만 굉장히 강조하고 또 부풀려 살고 있다면 스스로 참 자기를 잃어버린 것 같은 허무함, 공허함, 우울감 같은 게 뒤따를 수 있을 텐데, 거짓 자기가 내가 아니어서가 아니라 일부분이 너무 부각되기 때문에 나머지 요소들이 나타난다고 말씀드릴 수 있겠습니다.

한석준   예전 친구 하나가 외롭다고 힘들어한 적이 있습니다. 그런데 어느 순간부터 더 이상 외롭다는 말을 하지 않는 겁니다, 힘들다고도 하지 않았고요. 괜찮다고까지 말하더라고요. 그게 어느 순간이었냐면, 자원봉사를 하기 시작하면서부터예요.

"너 회사도 힘든데 자원봉사까지 하는 게 가능해? 괜찮은 거야?"라고 물었더니 그 친구가 자원봉사를 하면서 삶의 의미를 찾았다고, 외롭지 않은 건 물론이고 사는 게 너무 즐겁다고 말하더라고요. 그 친구가 평소 오로지 자기가 중심이 된 사고체계를 갖고 있었는데 타인이 중심이 된 사고체계로 바뀌고 나서부터 사람 자체가 달라진 것 같았습니다.

최명기   한석준 아나운서님의 사례에 공감이 갑니다. 살면서 내가 너무 받고 싶은 게 있는데 아무도 내게 주지 않을 때가 있을 겁니다. 그럴 땐 오히려 그걸 내가 타인에게 주면 마치 내가 받은 것처럼 마음이 편해져요. 자원봉사라 하면 내가 타인에게 사랑과 온정을 건네주는 것이죠. 원래 내가 그토록 받고 싶어 하던 바로 그것이요. 내가 건네준 사랑과 온정을 받은 그들이 즐거워하고 고마워하는 모습을 보면 마치 내가 받은 것 같은 거예요.

결국 나는 받지 못하고 건네주기만 한 것 같겠지만 사실 내가 더 큰 걸 받은 거죠. 눈으로 보이는 관계에선 내가 주고 상대가 받은 것 같지만 눈으로 보이지 않는 관계에선 상대가 주고 내가 받은 거예요. 그게 바로 '공감'입니다. 타인의 고통에 공감할 수 있지만 타인의 기쁨에도 공감할 수 있다는 겁니다. 내가 타인의 기쁨을 일으키고 그의 모습을 보고 내가 공감했으니까요.

＼ 꼭 곁에 둬야 하는 친구 ／

이헌주　　　저도 그런 친구, 꼭 곁에 둬야 하는 친구가 있습니다. 풍요 속에 빈곤이 있는 것처럼, 뷔페에 갔는데 먹을 음식이 없는 것처럼 관계가 고픈데 누굴 만나도 채워지지 않을 때가 있지 않습니까. 그럴 때 속마음을 나눌 수 있는 친구가 있어요.

이를테면 아무리 친구나 지인이 많다고 해도 속마음을 깊게 나눌 수 있는 이가 없을 수 있지 않을까요. 한 번쯤 짚어보시면 좋을 것 같습니다. 회사 동료든 친구든 배우자든 부모든 자식이든 누가 되었든 한 명이라도 그런 관계에 있는지 짚어보는 게 필요합니다. 그리고 이왕이면 그 수를 조금씩이나마 늘려가는 것도 필요하겠습니다.

그런가 하면 저는 인간에게 있어서 가장 중요한 능력이 '진실성'이라고 생각해요. 좋은 얘기를 해주는 것도 진실성일 수 있고 솔직하게 얘기해주는 것도 진실성일 수 있겠죠.

이를테면 좋은 상황이나 힘든 상황에 있을 때 표현할 수 있는 것도 진실성이라고 할 수 있습니다. 바로 그 진실성을 갖춘 사람이라면 관계를 오랫동안 유지할 수 있을 겁니다.

그는 적절한 피드백을 줄 수 있고 속 깊은 얘기를 나눌 수 있기 때문이에요. 그리고 공감력이 높은 사람도 꼭 곁에 둬야 합니다. 내가 무슨 말을 하든 지지해주고 반영해주니 삶에 중요한 원동력이자 토대가 될 것이기 때문이에요.

한석준   저의 경우 '이 사람은 정말 귀하구나'라고 생각한 사람은 그 주변에 있는 이들의 장점을 엄청 잘 찾았습니다. 처음에는 희한하게 그 사람의 그 지점을 질투했죠. 그가 이 사람도 알고 저 사람도 알고 있다고 하는데 하나같이 너무 대단한 거예요. 그런 대단한 사람들을 많이 알고 있는 그가 부러웠던 거죠.

알고 봤더니 그의 곁에 정말로 대단한 사람도 많이 있었지만 그가 곁에 있는 사람들의 대단한 점을 잘 찾았던 겁니다. 그러니 제3자의 입장에선 그의 곁에 하나같이 대단한 사람만 있는 걸로 비춰졌던 거죠.

최명기　　　　제가 생각하는, 꼭 곁에 둬야 하는 친구는 이유 없이 날 좋아해주는 사람이에요. 보통 스스로를 잘 아는 편이니까 이 정도 되는 나를 이 정도 되는 사람이 좋아해주면 좋겠다고 생각해요. 그런데 살다 보면 누군가가 나를 좋아하는데 왜 좋아하는지 알지 못하는 경우가 생깁니다. 그는 그냥저냥 나를 좋아하는 거예요. 그러면 나는 괜스레 그를 가벼이 여길 수 있어요. 바로 그런 사람이야말로 곁에 둬야 합니다. 내가 정말 힘들 때, 모두가 나를 피하고 멀리하더라고 그만은 그렇지 않을 테죠. 하여 내가 좋아하는 사람을 쫓아다니는 것보다 나를 좋아하는 사람을 귀하게 여기고 최고로 대우해주며 곁에 둬야 하겠습니다.

인간관계 Key Point

- 내 안의 상반된 여러 측면을 있는 그대로 받아들여라
- 혼자만의 시간을 가지면서 나와 진솔한 대화를 나눠라
- 모든 관계를 차단하고 혼자만의 방으로 숨어들어라

지식인사이드: 인간관계 편

비교 지옥에서 벗어나 나로 사는 비법

× 심각한 비교 문화야말로 헬조선이라는 말이 탄생한 주요 배경이다
× 소셜 미디어의 성황으로 타인과의 비교가 전에 없이 심각해졌다
× 열등감을 토대로 우월감과 비교하며 우월감을 향해 나아가면 비교가
  부정적이기만 하진 않을 것이다
× 비교하고 상처받고 달아나고 그러다가 다시 극복하려 해도 된다
× 어제의 나와 비교해 오늘의 더 나은 내가 되고자 노력하고 다가올 내
  일의 나와 미리 비교해보는 게 필요하다
× 지금의 내 한계를 인정하면서도 내가 갖고 있는 좋은 점들과 내가 할
  수 있는 것들에 초점을 맞춰 묵묵히 전념해야 한다

혼자서도 당당하게 살아가는 비결

× 필요할 때만 찾는 사람들은 작은 규모의 보이스 피싱 업체라고 봐도
  무방하다
× 능력이 안되는데 일정 이상의 관계를 원하면 파국에 이를 수 있다
× 인간관계에 일일이 반응하는 게 아니라 적절히 대처해야 한다
× 스스로가 어떤 사람인지 확실하고 명확하게 알아야 혼자서도 당당하

게 설 수 있다

× 정서적으로 의미 있는 사람, 상호작용을 이룰 수 있는 사람과의 깊이 있는 인간관계가 중요하다

× 외로움과 허전함 안에 도사리고 있는 진짜 감정을 알아채고 근본적인 해결로 나아가야 한다

진짜 나를 찾아가는 방법

× 청년기 때는 친밀감이 주요 발달 과업이지만 중년기에 이르면 생산성이 주요 발달 과업이다

× 인간관계는 풍요로운 자에겐 더 많은 기회가 주어지고 절실하고 외로운 자에겐 기회가 줄어든다

× 내 자신이 강해져야 인간관계에 집착하지 않고 홀로 설 수 있다

× 모든 관계를 다 차단하고 혼자 어디론가 숨어들어가 다시 강해지는 시간을 가질 필요도 있다

× 혼자만의 시간을 가지면서 나와 진솔하고 깊은 대화를 나눠보는 것도 좋다

× 내 안의 상반된 여러 가지 측면을 두고, 있는 그대로를 받아들이는 게 좋다

3장

성숙한 어른의
품격 있는 말하기 기술

관계의 첫 번째 스텝

'끌리는' 말투,
'호감 가는' 말투의
3가지 비결

'말투' 하나 바꿨을 뿐이지만 인생이 달라질 수 있습니다. 그게 어떻게 가능한지, 너무 오버하는 게 아닌가 싶을 수 있지만 말투 하나로도 '인간관계'가 달라질 수 있습니다. 인간관계가 달라진다는 건 곧 인생이 달라진다는 의미겠고요. 관계는 '마음'에 따라 달라지고 마음은 생각보다 사소한. 그러니까 말투 하나로도 움직이죠. 그러니 끌리는 말투, 호감 가는 말투를 연습할 필요가 있습니다. 이왕이면 재밌고 유쾌하면서도 '대화력對話力'을 갖추면 좋겠지요. 대화력은 곧 말투의 힘일 것이고요. '나'라는 사람을 바꾸기 힘들다면 말투부터 바꿔보면 어떨까 하고 말씀드리고 싶습니다.

＼ 말투가 결정하는 것들 ／

한석준   저의 경우 지금 제가 누리고 있는 모든 면에서 다름 아닌 '말투' 덕을 봤다고 할 수 있을 것 같습니다. 저는 아나운서가 되었을 때 제가 말을 잘하는 사람이라고 생각했어요. 그런데 훈련을 거듭하면서 느낀 건, 저는 말을 잘하는 사람이 아니라 말이 많은 사람이었을 뿐이라는 거였어요.

불과 10여 년 전까지만 해도 제 말에는 문제가 많았어요. 지금의 제가 그때의 저를 다시 보면 '왜 그렇게 말했을까, 왜 그런 식으로 말했을까' 싶은 부분이 많아요. 그래서 '말 많은' 사람에서 '말 잘하는' 사람이 되고자, 못하는 부분이 무엇이고 실수하는 부분이 무엇인지 끊임없이 관찰하며 갈고닦았어요. 정말 많은 노력을 했습니다. 그렇게 지금의 제 '대화력'을 갖춘 거죠.

최명기   말투가 정말 이미지에 영향을 줄까 궁금해하실 것 같습니다. 결론부터 말씀드리면, 말투는 사람의 '이미지'에 절대적으로 영향을 줍니다. 같은 말을 하는데, 기분 좋게 한다거나 기분 나쁘게 한다거나 하지 않습니까.

이를테면 말투가 퉁명스러운 사람은 남을 무시하는 말을 하고 말투가 상냥한 사람은 남을 기분 좋게 하는 말을 합니다. 말투랑 말이 같이 가는 거죠.

      지식인사이드: 인간관계 편

결국 말투라는 건 별다른 게 아닙니다. 상대방이 내가 하는 말을 들었을 때 어떻게 느낄까를 생각해 스스로의 말과 말투를 조절하는 능력인 거죠. 기분 좋게 말하는 사람은 상대방이 좋아하는 단어와 용어를 사용하고 적절한 톤을 사용한답니다.

이헌주　　　　인간관계에 있어서 보통 솔직하고 진솔한 게 좋다고 하죠. 그런데 자신은 솔직하다고 하는데 남들이 보기엔 너무 직설적이고 브레이크가 없어서 문제인 사람들도 있어요. 의견을 물어온 상대에게 돌려 말하지 못하는 거죠.

예를 들어 "이 원피스 어때?"라고 물어왔을 때 "오, 그 원피스 예쁜데? 그런데 이 원피스는 어때? 이 옷도 잘 어울릴 것 같아."라고 충분히 답할 수 있을 텐데도 "별로야, 안 예쁜데?"라고 말해버리는 겁니다.

우선 상대의 의견을 받아들이고 긍정의 표시를 건넨 뒤 자신의 의견을 피력하는 게 좋습니다. 그런 식의 말투, 대화 기술을 갖춘다면 호감 가는 이미지를 구축할 수 있을 것입니다.

거짓말이나 아부를 하라는 게 아니라 상대의 긍정적인 측면을 반영하면서도 얼마든지 대안을 제시해볼 수 있는 거죠. 이런 대화의 기술은 좀 더 호감 있는 인간관계를 구축하는 데 도움이 됩니다.

＼ 비호감 말투의 유형들 ／

이현주　　　　내담자분들한테 들은 걸 바탕으로 가장 비호감인 말투를 뽑아보자면, 다름 아닌 '반격하는 말'입니다.

이를테면 "우리 뭐 먹을까?" 하고 물으면 "네가 나 초대한 거 아냐? 네가 정해야지." 하고 "우리 저녁 먹으러 가자." 하고 말하면 "나 일하는 거 안 보여? 무슨 저녁이야, 저녁은."이라고 답하는 거죠. 대화가 이어지지 못하고 탁 끊어져버립니다.

보통의 인간관계뿐만 아니라 지극히 가까운 부부간에도 자주 보입니다. 예를 들어 남편은 정서적인 사람에 가까워요. 그래서 "우리 놀러 갈래?" 하고 말합니다. 그러면 아내가 "나 일하는 거 안 보여? 놀러 갈 시간이 어딨어." 하는 겁니다.

사실 아내는 남편 때문에 너무 힘들어요. 자기 혼자 일하고 있고 남편은 그런 사실을 안중에도 두지 않는 것 같으니까요. 자기는 힘든데 남편이 놀러 가자고 하니 골이 나서 자기도 모르게 말이 툭 튀어나온 겁니다.

아내는 남편이 자기를 좀 도와줬으면 하는 마음이 숨어 있을 수 있어요. 또는 쉬고 싶은 욕구가 숨어 있을 수도 있고요. 그런 한편 남편 입장에선 갑작스럽게 반격하는 듯한 아내의 날카로운 말 이면에 숨어 있는 감정이나 욕구를 다 알아차리기 힘듭니다. 그러다 보면 갈등이나 싸움으로 번지기도 하는 거죠.

말이 세게 나갈 땐 그 이면에 상황적으로 풀어야 할 것들이 숨어 있는 경우가 많습니다. 궁극적으로 그 부분이 풀어지지 않으면 반격하는 말이 반복될 게 자명하죠. 즉 말투를 바꾸려면 말투가 발현되는 속마음, 즉 본질을 들여다봐야 합니다.

한석준　　　　　저는 "왜? 사실이잖아." "맞잖아. 내가 틀린 말 했어?" 같은 말이 튀어나올 때는 스스로를 부끄럽게 생각해야 한다고 봐요. 내가 못할 말을 했다는 걸 깨달아야 한다고 봅니다. 앞서 이헌주 교수님께서도 너무 솔직하고 직설적인 사람들에 대해 말씀하셨는데, 저도 동의해요. 솔직함에도 '선'이 있다고 봐요.

예를 들면 이렇게까지, 이런 식으로 솔직할 필요는 없어요. 이런 말은 하지 않는 게 좋죠. "야, 너 좋은 대학 나와서 그 나이까지 취직도 못하고 뭐하냐? 왜, 내가 틀린 말 했어? 사실이잖아." 하는 식으로 말이죠. 하지만 그 친구라고 취직을 하고 싶지 않을까요? 그런 말을 할 이유가 없습니다. 취직 자리 소개해줄 것도 아니잖아요.

그런가 하면 저는 "나는 거짓말 같은 거 못해, 거짓말은 나쁜 거잖아."라는 말도 자랑스럽다고 생각하지 않습니다. 좋은 인간관계를 유지하고 위해서 상대의 기분을 고려하고 또 상대를 배려해 적당히 거짓말을 하면서 살아가죠. 그게 현명하다고 봐요. '하얀 거짓말', 즉 선의의 거짓말이라고 하지 않습니까.

최명기　　　본인은 전혀 그럴 의도가 아닌데 사람들이 하나같이 피하는 말투가 있습니다. 너무 자세하게 말하는 거예요.

이를테면 "어제 밥 먹는데 이상한 사람이 있었어." 하고 말하면 되는데 중계방송을 시작하는 거죠. "어제 버스 타고 어디에서 내려 식당에 들어갔어. 뭘 시켜 먹고 있는데, 옆에 이상해 보이는 사람이 있더라고. 그 사람이 얘기를 시작했는데, 이렇게 말하더라고." 하는 식으로요. 너무 자세하게 얘기하는 겁니다.

그리고 같은 얘기를 반복하는 경우도 있어요. 한 번만 말하면 될 텐데, 같은 얘기를 하고 또 하고 또 하죠. 그것도 시간 차이를 두고 반복하는 게 아니라 끊임없이 반복하는 겁니다. 그렇게 해야, 남들은 1분이면 할 얘기를 5분은 해야 충분하다고 해요. 성이 풀리는 거죠.

그런데 그런 분들을 보면 안타까운 게 있어요. 너무 자세하게 말하는 분들이나 같은 얘기를 반복하는 분들을 보면 대개 굉장히 착하시거든요. 하지만 그들과 대화하는 건 너무 힘든 일이죠. 너무 답답해요. 그렇게 보니까 불쌍하기까지 합니다.

그런 말투를 갖고 있는 이들의 경우 본인은 괜찮은데 상대가 굉장히 바빠요. 한참 얘기하다가 상대가 "아, 그만!" 하고 짜증 내면서 막아버리기 일쑤거든요.

본인은 어이가 없죠. '내가 뭘 했다고 왜 나한테 화를 내지? 나는 시작도 안 했는데.' 하고 생각해요.

지식인사이드: 인간관계 편

결국 너무 자세히, 길게 또 반복적으로 말하면 사람들이 싫어합니다. 그래서 영어 어순을 보면 결론이 먼저 나오죠. 우리나라 말은 계속 들어야지 결론이 나오는 식이고요.

그러다 보니 듣는 사람은 빨리 결론부터 말하라고 재촉하고, 말을 하는 입장에선 화를 내죠. 넌 남의 말을 듣지 않는다면서요.

이헌주　　　최명기 원장님 말씀처럼 말을 정말 길게 하는 내담자분들이 있습니다. 상담하러 오시면 자신의 모든 문제를 다 꺼내야 한다고 생각하시는지 말이 끊이지 않고 이어지곤 해요. 그런데 저는 그분들의 말씀에 요약이라든지 재진술이라든지 반영이라든지 공감을 해야 할 의무가 있어요.

문제는 아무리 훈련되어 있는 사람도 말이 끊이지 않고 3분 이상 계속되면 정신이 혼미해진다는 겁니다. 그래서 말이 너무 길어지면 저 같은 사람도 제대로 공감하기가 힘들어요.

그럴 때 저는 이런 식으로 합니다. "잠시만요." 하고 끊어요. 상대가 말하는데 말을 끊으면 상대가 기분 나빠 하지 않겠나 싶지만, 그렇지는 않습니다. 물론 제가 이른바 '라떼' 아저씨로 돌변해 훈계나 교육을 하면 기분이 상할 테죠.

끊은 뒤에 말이 중요한 것 같아요. 저는 상대의 말을 끊은 이유를 명확히 말해줍니다. 당신의 말을 더 잘 듣고 싶다는 욕구를 전달하는 거예요. 이를테면 상대의 말을 끊은 후 내 얘기를 이어가는 게 아니라 상대의 얘기를 작게 쪼개 정리해주는 거죠.

"지금 말씀하신 부분이 이런 것에 대한 게 맞나요?" 하면서요. 그렇게 해서 '내가 당신의 얘기를 잘 따라가고 있나요?' '내가 당신의 얘기를 잘 듣고 있나요?'라는 인상을 받을 수 있도록 하는 거죠. 그리고 그 자체가 실제로 얘기를 조금 더 경청하게 하는 데도 도움이 됩니다.

최명기   말이 많은 건 두 유형으로 나눠볼 수 있겠습니다. 하나는 충동형이고 다른 하나는 강박형이에요.

충동형의 경우, ADHD(주의력결핍 과다행동장애) 기질이 있는 사람들은 과잉 행동이 있어요. 가만히 있기 힘들죠. 과잉 행동은 과잉 언어로 이어지고요. 그래서 충동적이고 이것저것 관심이 많고 할 말도 많아요.

강박형의 경우, 모든 걸 자세하게 또 완벽하게 말하지 않으면 불안해서 견디지 못해요. 그들은 대부분 굉장히 착합니다. 다 말해놓고 미안하다고 해요. 그런데 얘기를 계속 이어나가죠.

제가 예시로 든 건 극단적이긴 하지만, 나의 상태를 인지하는 것만으로도 어느 정도 조절이 가능합니다. 이를테면 '내가 굉장히 자세하게 얘기하는 게 알고 보니 강박이었구나' '내가 불안하지 않으려고 그렇게 자세히 얘기했던 거구나' 하고 말이에요. 그런가 하면 중계방송하듯 끊임없이 얘기하는 분들도 마찬가지예요. 충동적인 성향이 강해 말이 많다는 걸 스스로 인지하면 노력할 수 있는 거죠.

＼ 한국인 특유의 무례한 말투 ／

이헌주 얼마든지 부탁하는 말투로 할 수 있지 않겠습니까. 예를 들어 "너무 바쁘지 않으면 이걸 해줄 수 있나요?"처럼 부드럽게 표현할 수 있잖아요. 반면 "내일 출근할 때까지 제 책상에 놔두세요. 제가 볼 수 있도록요."처럼 말하면 누군가는 거부감을 느끼면서 하기 싫을 수도 있을 겁니다. 그처럼 너무 용건만 말하거나 명령하는 투로 말하는 분들이 많이 있는 것 같아요.

대한민국 사회가 사실 여태껏 굉장히 수직적이고 집단주의 문화가 강했잖아요. 그러다 보니 명령이나 지시하는 말투가 만연해 있습니다. 부하 직원이니 하는 표현도 자주 쓰는 편이었는데요. 요즘 들어 새로운 물결이 들어오기 시작하는 것 같습니다. 수평적이고 개인주의적인 문화가 뿌리를 틀면서 대결을 하기 시작하는 거죠. 그 사이에서 언어적 갈등이 일어나고 있는 게 아닌가 하는 생각을 하게 됩니다.

그런가 하면 항상 문제를 찾아내 지적하는 사람이 있어요. 그 사람과 대화를 하다 보면 내가 문제투성이인 것처럼 느껴지죠.

너무 직설적으로 말하는 유형도 있습니다. 본인은 굉장히 솔직하다고 생각하지만 선을 넘어서면 상처를 받을 수 있겠죠. 또 항상 반격하는 경우도 있습니다. 그런 유형의 사람에겐 호의로 다가가도 민감하게, 자기중심적으로, 공격적으로 답이 오죠. 무례한 말투의 유형이 생각보다 다양합니다.

한석준　　저는 식당에서 종업원을 부를 때 "어이!"라고 부르는 표현이 천박해 보이더라고요. 당사자도 기분이 좋지 않겠지만, 그걸 듣고 있는 같은 공간의 다른 손님들도 기분이 썩 좋지 않죠. 그러지 않으면 좋겠다 싶어요. 억지를 조금 붙이자면 그들은 자기가 조금이라도 높다고 생각하는 것 같아요. 일종의 갑질이랄까요. 그래서 그래도 된다고 생각하는 게 아닐까요.

최명기　　지인의 아이들한테 "집에서 엄마가 아빠를 뭐라고 불러? 아빠는 엄마를 뭐라고 부르니?" 하고 물어봤어요. 어떤 아이는 "여보"라고 부른다고 하고 어떤 아이는 이름으로 부른다고 하더라고요.

그런데 어떤 아이는 "어이"라고 부른다고 하니 놀랐죠. 일종의 말버릇인 것 같아요. 말버릇은 상대를 봐가면서 하고요. 그러니 한석준 아나운서님의 사례에서 "어이!"라고 부르는 표현은 하대한다기보다 존대하는 마음이 없기 때문이라고 생각합니다.

또 그들은 참는 게 고통이에요. 그냥 말해버리면 되는 걸 참아야 한다면 그 자체로 고통이죠. 그런데 인간은 나의 고통을 감수하고 싶어 하지 않아요. 그렇기에 어떤 말을 했다가 고통을 받을 것 같으면 참고 고통을 받지 않을 것 같으면 그냥 해버리죠. 그런 면에서 말투의 이면을 제대로 알 필요가 있겠습니다.

그런가 하면 바쁘고 정신없을 것 같은 때 말을 거는 사람이 있어요. 그때는 무슨 말을 해도 입력이 될 수 없는데 말이죠. 계속 확인하는 유형도 있습니다. 말 한마디 정도일 땐 괜찮지만 똑같은 말을 계속 확인하고 또 확인하는 거죠.

그것도 똑같은 말을 똑같은 톤에 똑같은 목소리로 말하면 점점 기분이 나빠질 수밖에 없어요. 또 화내면서 화내는 줄 모르는 사람도 있고 얘기하다가 '너는 알 수 없어'라는 뉘앙스를 풍기면서 갑자기 멈추는 경우도 있습니다.

＼ 온라인 말투의 경우 ／

이현주　　　온라인에선 의도와 상관없이 오해로 번지는 경우가 많은 것 같습니다. 사람이 나빠서라기보다 잘 몰라서 그런 것 같고요. 온라인에서, 문자(카카오톡)를 예로 들자면 구어체이지 않습니까. 이메일은 문어체라고 할 수 있겠고요.

그런데 문자를 문어체로 쓰는 분들이 많이 계세요. 심지어 서론, 본론, 결론도 나뉘어 있죠. 그런 문자를 받으면 답장하기가 굉장히 긴장되고 부담돼요. 답장을 주고받는 데 있어 뚝뚝 끊깁니다. 그러니 '내 말에 왜 잘 답하지 않지?' 하고 의문을 갖는 겁니다. 아마도 문어체로 문자를 주고받기에 그럴 수도 있지 않나 싶어요.

한석준　　　친구 하나가 문자를 그런 식으로 굉장히 정성스럽게 보내는 편이에요. 저는 그 친구가 정성스럽게 문자를 보내오면 답을 못하겠어요. 부담스럽더라고요. 저는 문자를 주고받을 때 길어봐야 한두 줄인데 습관대로 했다간 너무 성의 없어 보일 테고, 그렇다고 그 친구의 스타일에 맞춰 정성을 다하자니 너무 많은 시간이 들더라고요. 그렇다고 답장을 안 할 순 없지 않겠습니까. 아주 난처할 때가 종종 있습니다.

＼ 호감 가는 말투로 고치는 법 ／

최명기　　　내가 나쁜 사람은 아니기에 굳이 말투를 고쳐야 하나 싶겠지만 이왕이면 호감 가는 말투로 바꾸면 좋겠죠? 오프라인과 온라인이 달라요.

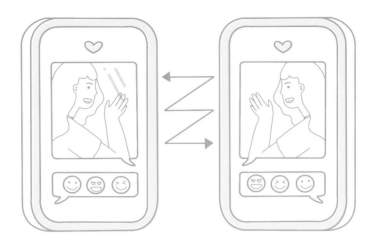

온라인에서의 대화법은
상대를 따라 하는 것

먼저 오프라인에선 말을 줄여야 해요. 말을 많이 하면 또 얘기를 많이 하다 보면 결국 상대가 싫어하는 말투가 나오기 마련이에요. 그러면 말투를 호감 가게 바꾸는 건 실패하는 거죠. 말을 줄이거나 혹은 극단적으로 하지 않으면 나쁜 말투도 나오지 않아요.

이를테면 말을 할 때 한마디만 하면 기분 나쁜 말투도 한 번만 나오죠. 그 정도면 상대도 들을 만해요. 문제는 반복적으로 공격할 때거든요. 결국 말이 많아지면 기분 나쁜 말투도 많이 나올 수밖에 없습니다. 상대도 괴로워요.

온라인에선 어떻게 해야 하느냐 하면, 상대와 비슷하게 하면 됩니다. 상대가 길게 말하면 나도 길게 말하고, 상대가 짧게 말하면 나도 짧게 말하면 돼요. 마치 거울을 보듯이 말이죠. 그럼 누구는 공격하고 누구는 괴로워할 필요가 없어요.

한석준　　　저의 경우, 보다 더 직접적으로 말투를 교정하는 방법을 택하는 편입니다. 나의 말투에서 어떤 부분이 상대를 기분 나쁘게 하는지 정확히 알아야 해요.

이를테면 친구와 대화할 때 자신의 모습을 영상으로 찍어서 직접 보는 게 좋아요. 그럼 명확하게 보입니다, 내 말투의 좋지 못한 점들이요. 물론 좋은 점들도 보이죠. '이건 진짜 짜증나겠다' 혹은 '오, 이건 괜찮네?' 하면서요.

그렇게 좋은 점들은 계속 강화하고 나쁜 점들은 점점 지워나가는 겁니다. 한 번 하고 나면 더 노력할 필요도 없어요. 보는 순간 강화하거나 지워버리거든요.

그만큼 내가 나의 진면목을 접하는 건 어려운 일인데 일단 하고 나면 바뀌지 않을 도리가 없습니다.

＼ 호감 가는 말투의 3가지 비결 ／

이현주 　 저는 호감 가는 말투도 중요하지만 본질적으로 호감 가는 '태도'야말로 중요하다고 생각합니다.

이를테면 대화할 때 상대의 눈을 보는 게 중요하다고 하지 않습니까. 그런데 눈이 아닌 눈 바로 밑의 광대를 보면 더 좋아요. 눈이 약간 내려갔을 때 공감하는 눈매가 나오거든요.

사실 상대는 내가 눈을 보는지 광대를 보는지 잘 모를 거예요. 그런 다음 밑으로 더 내려가면 턱이 있죠. 그런 식으로 광대와 턱 사이를 오가며 시선을 두는 겁니다. 그렇게 자연스럽게 고개를 끄덕이면서 이 말만 하면 되죠. "아, 그랬던 거군요?" "아, 진짜요?"라고요.

상대에게 말을 많이 하는 건 중요하지 않습니다. **상대의 말에 얼마나 깊이 호응하느냐, 상대의 말에 호기심을 갖고 계속 질문을 하느냐가 중요한 거죠.** "아, 그래서 어떻게 되었어요?" 하는 식으로 물어볼 수 있는 호기심의 토대가 상대의 관심사, 흥미, 욕구 등을 드러나게 해요.

인간은 모두 자기 자신에게 가장 많은 관심을 둡니다. 그러므로 나를 깊이 이해하는 사람, 깊은 호기심과 환대로 내 안에 있는 무엇인가를 끌어내는 사람에게 호감이 형성된다고 말씀드릴 수 있습니다.

한석준　　　제가 처음으로 진행을 맡은 방송 프로그램이 〈우리말 겨루기〉예요. 퀴즈와 인터뷰가 핵심이죠. 퀴즈 부분은 당연히 진행을 잘해야 하지만 저는 인터뷰도 잘하고 싶어서 인터뷰를 가장 잘하는 사람이 누구일까 찾아봤어요.

당시 〈아침마당〉을 진행하는 이금희 선배가 너무 잘하시더라고요. 그래서 이금희 선배가 〈아침마당〉 진행하시는 걸 쫓아다녔어요. 도대체 어떻게 말씀하시기에 출연자들이 술술 자신의 얘기를 털어놓나 하고요.

그러다 한 가지를 깨달았어요. 무엇이었냐 하면, 바로 "네~"였어요. 일종의 추임새죠. 그래서 바로 다음 주 〈우리말 겨루기〉에서 따라 해봤어요. 출연자들이 말할 때 제가 "네~"라고 말했죠. 그런데 거기에 끝나버리는 거예요. 자신의 얘기를 털어놓기는커녕 어떤 답변도 하지 않았죠. 알고 보니 저는 흉내만 냈던 거죠. 이금희 아나운서의 진심을 따라 한 게 아니라 그저 "네~"만 따라 한 겁니다. 거기에서 큰 차이가 있었던 거죠.

이금희 아나운서의 경우 상대의 얘기에 완전히 몰입해선 '무슨 말이든 다 듣겠다' '내가 당신의 이야기에 100% 공감하고 있다'라는 느낌을 물씬 풍기고 있었던 반면 저는 아무 생각도 없이 그저 "네~"만 하고 있었던 겁니다. 한참 후에 깨닫고는 완전한 몰입을 따라 하려고 노력했습니다.

나중에 어떤 책을 봤는데 경청하려 할 땐 내 몸 전체가 상대

　　　　　　　　　　　　　　　지식인사이드: 인간관계 편

상대의 마음을 열기 위해선
몰입해야 한다

를 향해야 한다고 하더라고요. 시선뿐만 아니라 얼굴도 상대를
향해야 하고 어깨, 몸통, 심지어 발의 방향도 상대를 향해야 한다
고요. 그래야 상대는 내가 그의 얘기를 100% 들으려 한다고 받
아들인다는 겁니다. 이후 **저도 대화를 할 때나 인터뷰를 할 때면 온몸**
을 이용해 전심전력으로 상대를 향하려고 노력하고 있죠.

이헌주   맞아요, 상대에게 진정으로 빠져들 때의 모습을 보
면 평소와 다르거든요. 이를테면 노래를 정말 잘하는 가수들이
나오는 음악 프로그램을 보면 방청객이 자신도 모르게 입을 벌

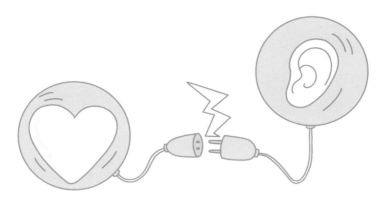

경청은 상대에게 줄 수 있는
가장 큰 선물이다

리고 눈동자가 커진 채 노래를 듣고 무대를 보고 있지 않습니까. 상대에게 감탄하고 있다든가 상대에게 빠져들고 있다든가 할 때는 표정에서 드러나기 마련이죠. 나의 시간을 잊고 상대의 말에 흠뻑 빠지는 건, 즉 '경청傾聽'이라는 건 내가 상대에게 주는 가장 큰 선물일 수 있다고 생각합니다.

최명기　　호감이 간다는 건, 친절해야 하는 건 물론이고 상대가 자신을 좋아한다는 게 느껴져야 합니다. 처음 보는 순간 느껴지는 것 같아요. 저의 경우, 처음 만나면 바로 알아요. 이를테면 저 사람과 어느 정도까지 얘기해도 될지 말이에요.

그래서 이 정도로만 얘기해도 될 것 같은 사람에겐 딱 이 정도까지만 얘기하고, 무슨 얘기를 해도 소용없을 것 같은 사람에겐 아예 얘기를 하지 않는 거예요.

그런데 항상 무슨 얘기를 해도 소용없을 것 같은 사람이 끈질기게 말을 걸어요. "더 얘기해봐. 다 해봐." 하면서요. 하지만 그렇게 그를 믿고 전부 말하면 역시나 피드백이 별로인 경우가 많아요. 그래서 끌리는 말투, 호감 가는 말투에서 가장 중요한 건 내가 믿을 만한 사람이라는 인상과 느낌을 주는 겁니다. 억지로 한다고 되는 게 아니긴 하지만요.

그러니 일단 **많이 '웃는' 거예요. 그럼 상대는 대체로 내가 자신을 좋아한다고 생각해요. 그리고 '칭찬'을 곁들이면 금상첨화예요. 그렇게 상대의 얘기가 재밌고 같이 대화하는 게 즐겁다는 인상을 계속 심어주는 거죠.**

결국 좋은 얘기로 대화를 시작하고 상대의 말을 끊지 않고 들어주며 쓸데없는 걸 물어보지 않으면 큰 탈은 없을 겁니다.

＼ 자연스럽게 대화하는 법 ／

한석준　　　　첫 만남에서 자연스럽게 대화하는 걸 어려워하고 꺼려 하는 분들이 유독 많은 것 같아요. 코로나 팬데믹을 겪으면서 자연스러운 스몰 토크가 더 어려워진 것 같습니다.

특히 2020, 21, 22학번의 경우 대학에 입학하긴 했는데 고등학교 시절과 별 차이를 느끼지 못해요. 소위 말하는 대학 시절의 낭만 같은 걸 겪지 못했으니까요. OT나 MT 같은 학과 행사에 참여하지 못하는 건 당연지사고 원격 수업으로 대체하니 학교에 나가지도 못했어요.

그러니 대학 졸업하고 취직해 사회에 나가니 회사 생활을 어떻게 해야 하는지 모르겠는 거죠. 회사 생활의 기본이라고 하면 인간관계일 테고 인간관계의 기본은 대화일 텐데, 도대체 대화를 어떻게 해야 하고 또 어떤 주제로 어디까지 해야 하는지 힘들어합니다.

그런 분들을 위해 첫 만남에서 자연스럽게 대화하는 법에 대해 말씀드려보자면, 우선 눈에 쉽게 보이는 것부터 얘기하는 겁니다. 차림새나 먹고 마시고 있는 것, 이를테면 "차를 좋아하시나 봐요?" 같은 게 가장 쉽게 꺼낼 수 있는 말이에요. "제 주변을 보면 차를 즐기는 분이 드문 것 같은데, 커피보다 차를 더 즐기시는가 봐요."처럼 물어볼 수도 있겠죠.

커피든 차든 기호식품이지 않습니까. 기호식품은 많이들 다양하게 즐기니 만큼 누군가가 선호에 대해 물어봐주거나 인정해주면 할 말이 무궁무진해요.

또 하나, 저는 가장 좋은 화법이 이른바 '어떻게' 화법이라고

생각합니다. 상대에게 칭찬할 때 '어떻게'를 쓰면 말을 계속 이어

갈 수 있어요.

　　이를테면 제가 이현주 교수님께 말을 하려는데 교수님께서

입고 계신 회색 양복이 너무 멋있는 거예요. 그래서 "교수님, 입

고 계신 회색 양복과 검정색 이너 티셔츠가 너무 잘 어울리세요.

어떻게 해야 그런 식으로 매칭할 수 있나요?"라고 말하는 거죠.

그러면 교수님이 뿌듯해하시면서 "아, 제가 옷 입는 꿀팁을 조금

방출하자면~"하고 기분 좋게 얘기가 이어지는 겁니다.

이현주　　　　　저도 동감합니다. 'HOW' 화법은 대표적인 개방형

질문 중 하나죠. 'HOW'라는 단어는 '어떻게'와 '얼마나'로 나뉠

수 있는데요, '정도'에 관한 질문입니다. 그래서 '어떻게' 화법이

나 '얼마나' 화법은 상대를 좀 더 깊이 있게 대하는, 상대에게 좀

더 깊게 들어갈 수 있는 아주 좋은 화법이라고 생각합니다.

　　예를 들어보자면, 최명기 원장님이 보고서를 빼어나게 잘 작

성했어요. 그럴 때 "와, 원장님 짱! 진짜 최고! 원장님께 박수 한

번 칠게요!"라고 한다면 받는 입장에선 기분이 엄청 좋지만 대화

로 이어지긴 힘들어요. 칭찬 한 번, 박수 한 번으로 끝난 거죠.

　　그럴 때는 이런 식으로 말하는 게 좋습니다. "아니, 원장님. 보

고서를 도대체 어떻게 작성하신 거예요?" 하고 말이에요. 그러면

원장님은 "제가 지난해부터 준비를 해온 건데요~" "어떻게 한 거

냐면요~” 하면서 답하면서 좀 더 뿌듯해지고 존중받고 있는 듯한 느낌이 들기 시작할 거예요.

　그런가 하면 누가 힘들어할 때 “뭐가 힘든데?”라는 식으로 말하는 것보다 “얼마나 힘든 거야?”라는 식으로 말하면 그 힘듦에 대해 자신의 정도가 나오기 시작하는 거죠.

인간관계 *Key Point*

♟ 상대의 말에 깊이 ‘호응’하며 호기심을 갖고 ‘질문’하라
♟ 상대의 얘기에 ‘몰입’하고자 온몸을 상대로 향해야 한다
♟ 내가 ‘믿을 만한 사람’이라는 인상과 느낌을 줘야 한다

　　　　　　　　　　　　　　　　지식인사이드: 인간관계 편

사람의 마음을 움직이는
4가지 칭찬의 기술

2000년대 초반 『칭찬은 고래도 춤추게 한다』라는 책이 대히트를 치며 '칭찬'이야말로 인간관계에서 성공하는 비결로 우뚝 섰습니다. 하지만 칭찬의 중요성은 일찍이 20세기 초반 데일 카네기Dale Carnegie가 내놓은 『인간관계론』에서 중요하게 언급한 바 있죠. 그가 제시한 사람을 다루는 기본 방법 중 '솔직하게, 진심으로 인정하고 칭찬하라'가 있습니다. 그만큼 인간관계를 논함에 있어 칭찬은 더할 나위 없이 중요합니다. 하지만 2010년대 들어 기류가 조금씩 바뀌는 것 같습니다. 무분별한 칭찬이 독이 되는 경우가 많기 때문인데요. 하여 제대로 된 칭찬의 기술이 필요하겠습니다.

＼ 오해하기 쉬운 칭찬의 표현들 ／

__이현주__　　　우리나라에서 보통 자주 쓰는 칭찬 중에 미묘하게 '비교'하는 경우가 있는 것 같습니다. 제가 실제로 들었던 말 중에선 "젊은 사람 치고 열심히 하네." "충청도 출신 치고 말이 빠르네." 같은 게 있었고요. 옷가게를 갔더니 "약간 뚱뚱한 것 치고 배가 덜 나온 편이네요."라고 말하기도 했습니다.

　　그렇게 말한 사람들의 의도는 분명 칭찬이었을 텐데 듣는 사람 입장에선 당황스러운 마음이 들기도 하죠. 앞부분의 말과 뒷부분의 말이 미묘하게 비교되기 때문인데요. 의도가 아무리 좋더라고 그런 식의 칭찬이라면 딱 오해하기 쉬울 것입니다.

__한석준__　　　우리나라 사람들은 '타고난 것'에 대해 칭찬하는 걸 즐기는 것 같습니다.

　　예를 들어 아이한테는 "너는 똑똑하니까 조금만 공부 열심히 하면 시험 잘 볼 거야."라고 칭찬한다든지 어른한테는 "예쁘다" "잘생겼다"처럼 칭찬한다든지요. 그런 칭찬은 아무런 거리낌 없이 건네는 편이죠.

　　이를테면 상대가 배우거나 모델이면 외모가 당연히 중요한 덕목일 테지만 보통의 일반인에겐 외모가 중요한 덕목이 아닐 수도 있지 않습니까. 타고나는 건 후천적인 노력으로 얻어지기 힘든 것일 텐데요. 그런 부분을 칭찬하는 걸 즐기는 게 우리나라 칭찬 문화의 특징 중 하나이지 않을까 싶어요.

그리고 이런 경우도 있을 겁니다. 대단한 학자에게 "너무 예쁘세요." "너무 잘생기셨어요."라고 칭찬한다고 했을 때, 대단한 학자가 외모까지 출중하니 제3자 입장에선 굉장히 부럽다고 생각할 수 있겠으나 사실 그가 스스로를 두고 자랑스러워하는 건 다른 부분일지 모릅니다.

이를테면 이번에 발표한 논문에 대한 칭찬을 듣고 싶어 할지 모르는 거죠. 그럴 가능성이 훨씬 더 클 것이고요. 그런데 우리나라 사람들은 타고난 것, 주로 외모에 대해 칭찬하는 걸 좋아하고 또 누구나 듣는 것도 좋아할 거라고 짐작하니만큼 그러지 않는 사람들은 오히려 스트레스로 다가올 수 있다는 겁니다. 헤아리기 쉽지 않겠지만 한 번쯤 생각해봐야 하는 지점이라고 생각해요.

그런가 하면 앞서 이헌주 교수님이 들었던 칭찬은 정말 나쁜 표현이라고 생각합니다. "충청도 출신 치고 말이 빠르네."를 두고 2가지로 나눌 수 있는데요. 듣는 사람이 그 집단에 속해 있는 게 자랑일 수 있고 반대로 자랑스럽지 않을 수 있습니다.

그때 자랑스럽다고 해보죠. 이를테면 충청도 출신인 게 너무 자랑스러워요. 그런데 그런 말을 들으면 내가 자랑스러워하는 충청도인들 전부를 욕하는 거죠. 나를 칭찬한 것 자체에 앞서 기분이 나쁜 것이고요. 반대로 충청도 출신인 게 자랑스럽지 않은 사람에게 그런 말을 한다면, 내가 싫어하는 집단과 나를 비교하는 것이기 때문에 역시 기분이 나쁩니다.

비슷한 예를 하나 더 들자면요. 방송국에 보통 PD, 아나운서, 기자 3직군이 있는데 누군가가 말 잘하는 기자한테 "기자 치고 말을 잘하네."라고 한다면 모든 기자가 말을 잘하지 못하는 게 되어버리지 않습니까. 그러니 그 칭찬을 들은 내가 기자인 게 자랑스러우면 그것대로 기분이 나쁘고 내가 기자인 게 자랑스럽지 않다고 해도 역시 그것대로 기분이 나쁜 거예요.

그러니 그런 말, 즉 그런 칭찬은 어떤 식으로 말하든 듣는 입장에서 기분이 좋을 리가 거의 없을 겁니다.

＼ 마음을 움직이는 칭찬의 기술 ／

최명기　　　나의 진심을 잘 전달하는 칭찬의 기술이라고 하면 '아부'한다고 생각하고 칭찬하면 될 겁니다. 설령 거짓말인 줄 알고 들어도 기분 좋은 말이 아부예요.

그러니 아부는 백발백중이죠. "너무 아부하는 거 아냐?"라는 말을 들으면 제대로 칭찬한 겁니다. 제3자가 볼 때는 '저 아부만 하는 놈'이라는 생각이 들 수도 있지만, 정작 아부를 받는 사람은 그렇게 생각하지 않거든요.

그러니까 칭찬의 핵심은 상대가 가장 열망하고 또 갈망하는 게 뭔지 정확히 잡아내는 겁니다.

예를 들어 어떤 어르신의 욕망이 '젊어 보이고 싶다'에 가 있다고 한다면 남들이 "10살은 젊어 보여요."라고 칭찬할 때 "20살은 젊어 보여요."라고 해야 하는 거예요. 그런데 그분의 욕망이 빌딩 한 채 더 사는 데 있다고 한다면 "내년에 빌딩 한 채 더 장만하실 것 같은데요?"라고 하면 통하는 거죠. 내년에 실제로 빌딩을 한 채 장만할지 장만하지 못할지는 중요한 게 아니고요.

이게 아부인 것 같죠? 그분에겐 결코 아부처럼 느껴지지 않을 겁니다.

한석준　　　저의 경우 패션에 관심이 많습니다. 그러니 저한테 옷 잘 입는다고 칭찬해주면 무조건 먹히는 거죠. 다른 누구도 아닌 제가 패션에 관심이 많고 옷 잘 입는 것에 욕망이 가 있으니까요.

예를 들어 화려한 패션을 추구하는 사람이 있는데 그렇다고 머리끝부터 발끝까지 전부 화려한 아이템을 장착할 순 없습니다. 대체로 심플하고 수수한 반면 한두 개 정도만 굉장히 화려하죠.

바로 그 아이템을 신경 써서 힘을 준 거예요. 그걸 알아주냐 몰라주냐가 중요한 겁니다. 그러니 누군가에게 칭찬을 하고 싶다면 **그의 욕망이 있는 바로 그 부분을 칭찬해줘야 하는 거죠.**

최명기   "어려 보인다"라고 하면 좋아하지 않는 사람이 없을 것 같지만 때때로 칭찬이 되지 않습니다. 아무리 어려 보이는 사람이라도 마흔이 넘어가야 비로소 칭찬으로 느껴질 겁니다. 그 전까진 애매하죠. 그런가 하면 "다이어트하셨나 봐요."라는 말은 대체로 남녀노소 다 통합니다. 우리나라가 특이하고 또 이상한 것 같은데요, 날씬해졌다고 하면 다들 좋아하지 않습니까. 그렇게 천편일률적으로 반응하는 나라는 우리나라밖에 없을 거예요.

이헌주   최명기 원장님 말씀에 동의하는 게, 칭찬의 상대가 좋아하고 열망하는 그 지점을 콕 짚어 칭찬하는 게 좋습니다. 또 칭찬 상대의 생리적인 부분보다 행동이나 성장점에 대해 구체적으로 칭찬하는 게 더 효과적이에요.

예를 들어 "오늘 발표 전달력 정말 좋았어요."라든지 "오늘 보고서 정말 탁월했어요."라는 식으로 상대가 노력해서 성장할 수 있는 요소가 있는 칭찬 말이죠. 칭찬의 말에 담겨 있는 의도가 중요할 텐데요. 내가 정녕 호감으로 상대를 대하며 칭찬했다면 상대도 나의 칭찬을 진심으로 받아들이지 않을까 싶습니다.

한석준   모든 걸 내려놓고 상대의 눈, 코, 입만 바라보면서 말하는 걸 집중해 들어보는 겁니다. 그의 생각과 마음을 엿보고 이해하려 노력하면서 진심을 다해 들어보세요. 분명 이후 상대의 태도는 달라질 거예요. 그 자체로 상대는 칭찬받았다고 생각할 테고요.

제가 아나운서가 된 후 어느 분과 단둘이 카페에서 한 시간 정도 얘기한 적이 있는데, 그분이 나가면서 말씀하시더라고요. "지난 한 시간만큼 공감받아 본 적이 없어요."라고요. 그런데 그 땐 오히려 제가 저의 진심이 그분께 가닿은 것 같아 고맙더라고요. 진심을 전달하는 게 그 자체로 상대가 칭찬으로 받아들일 수 있다는 걸 알았습니다.

최명기　　　어떤 행동이 좋은 결과를 낳을지 나쁜 결과를 낳을지는 아무도 알 수가 없습니다. 그래서 저는 누가 저를 찾아와도 다 잘하셨다고 해요.

예를 들어 이혼을 했다고 하셔도 잘하셨다고 그러면 좋아하시더라고요. 그분 입장에선 제가 잘하셨다고 말씀드리는 바로 그 부분이 대체로 요즘 가장 비난받는 지점이기 때문이죠. 하여 그분의 주위 사람들은 고깝게 볼 만한 요소인데 **그분이 스스로 결정했다고 하면 저는 무조건 잘하셨다고 칭찬합니다.**

그리고 정말 힘들어하는 분께는 이런 식으로 덧붙입니다. "죽지만 않으면 다 잘한 겁니다." "죽지 않고 사는 것만 해도 훌륭하십니다." "직장 그만두지 않으셨으면 돌아가셨을지도 몰라요." "이혼 안 하셨으면 돌아가셨을지도 모릅니다."라고 말이죠.

이현주   미국의 심리학자 칼 로저스$^{Carl\ Rogers}$가 말하길 상담 관계의 핵심 조건이 3가지 있다고 했습니다. 공감적 이해, 무조건적인 긍정적 존중, 진실성 내지 일치성인데요. 그중 무조건적인 긍정적 존중이 최명기 원장님의 사례와 일치합니다.

　　상대 자체를, 그 존재 자체를 무조건적으로 존중하는 거죠. "충분히 그럴 수 있습니다."라든지 "당신은 존재 자체가 빛납니다."라고 말이에요. 사람의 마음을 움직이는 칭찬의 기술 중 하나라고 할 수 있겠습니다.

상대의 존재 자체를
무조건적으로 존중한다는 것

＼ 칭찬이 독이 되는 경우 ／

최명기　　　　칭찬이 오히려 독이 되는 경우도 있겠습니다. 3가지를 상정해볼 수 있는데요.

첫째로 누가 칭찬을 하는지입니다. 예를 들어 상대가 나와 말을 섞기 싫어하고 내 얼굴도 보기 싫다고 합니다. 그런데 내가 상대를 칭찬해요. 그럼 혹여 서로 진심으로 받아들인다고 해도 결국 그 칭찬에 속셈이 있을 거라 생각하고 오히려 칭찬을 나쁘게 생각하기 위해 굉장히 노력할 겁니다. 상대를 잘못 고른 셈이죠.

둘째로 칭찬을 받는 상황입니다. 예를 들어 직장에서 누군가가 나를 칭찬하는데 정작 나는 이 직장 자체가 너무 싫어요. 이 직장에 다닌다는 것 자체가 창피해 죽을 지경이에요. 그런 상황에서 일을 잘한다고 칭찬을 받으면 정말 싫을 겁니다.

셋째로 억지로 하는 걸 칭찬받을 때예요. 예를 들어 아이가 늦게 들어오니 엄마가 난리를 치며 일찍 다니라고 해요. 다음 날 아이가 일찍 들어오니 엄마가 좋아하고 칭찬해줘요. 그러면 아이

칭찬이 독이 되는 경우

첫 번째 경우	싫어하는 상대에게 칭찬받을 때
두 번째 경우	싫어하는 상황에서 칭찬받을 때
세 번째 경우	억지로 하는 걸 칭찬받을 때

는 짜증 나죠. 일찍 들어오라고 난리를 쳐서 억지로 일찍 들어오게 해놓곤 일찍 들어온다고 칭찬하면 뭐 하나 싶어요. 기분이 좋을 리 만무하죠. 상대가 좋아하는 걸 칭찬해야지 자신이 좋아하는 걸 억지로 시켜놓곤 칭찬하는 건 오히려 상대가 그 칭찬을 들을 때마다 굴욕감을 느낄 수 있다는 걸 알아야 합니다.

한석준　　칭찬이 평가처럼 들리는 것도 조심해야 합니다. 예를 들어 어느 교수님이 발표를 끝냈을 때 "교수님, 이번 발표 굉장히 훌륭하십니다."라는 식으로 말하면 듣는 사람에 따라 '네가 뭔데 나를 평가하는 거지?'가 되기 쉬워요.

칭찬이라는 게 기본적으로 평가의 의미를 담고 있긴 할 텐데요. 그럼에도 불구하고 칭찬의 대상이 평가처럼 들리는 순간 기분이 아주 나빠질 수 있는 거죠. 게다가 동등하다고 생각되지 않는 관계에선 더 안 좋게 들릴 수 있을 겁니다.

최명기　　거의 실패할 경우가 없는 칭찬 용어가 하나 있습니다. 바로 "좋아요"예요. 내가 당신을 좋아한다는 내 느낌을 말하는 것이니 싫어할 이유가 없죠.

한석준　　최명기 원장님의 말씀에서 핵심은 '내가 좋아요'예요. '내가 좋아요'와 평가하는 말의 차이는 내 느낌을 말하는 겁니다. '내가 좋아요'는 내 느낌이에요. 객관적인 잣대로 봤을 때 상대가 잘했다, 못했다를 말하는 게 아니라 '제가 봤을 때 훌륭했습니다'라는 뜻이 되는 겁니다. 그래서 거부감을 줄 가능성이 없어요.

그런데 "당신의 발표는 누가 봐도 훌륭했습니다."라는 식으로 말하면 평가가 됩니다. 반면 "당신의 발표를 듣고 감명받았습니다."라는 말은 나의 느낌이고 칭찬이죠.

이를테면 "오늘 매고 오신 넥타이 너무 좋은데요?"라고 말하는 거예요. 내가 봤을 때 좋으니 상대도 거부할 게 없지 않습니까. 그런데 "그 옷에 그런 식으로 매치하니까 센스가 진짜 기가 막힌다."라는 식으로 말하면 상대가 "그래, 고마워. 그런데 네가 뭐라도 돼?"라고 되받아칠 수 있는 거죠.

그리고 이런 말도 하지 않습니까. "기분 나빠 하지 말고 들어."라고 말이에요. 그런데 그 말 뒤에 오는 모든 말이 기분 나쁠 겁니다. 그런 식으로 하는 말은 잘못된 거예요. 그 문장에 세트로 오는 말이 바로 "나니까"예요. "나니까 너한테 말해주는 거야"가 되는 겁니다. 그러니 해선 안 되는 나쁜 말입니다.

이현주   칭찬이라고 하는 게 내가 상대를 굉장히 좋게 생각해 뭔가를 얘기해주는 것이지 않습니까. 하여 설령 칭찬이 독이 되는 경우가 있다고 해도 '칭찬을 해도 될까?' '칭찬을 함부로 하면 안 되겠지?' 하고 섣부르게 생각하지 않았으면 합니다.

칭찬이라는 외형보다 칭찬 안의 진심이 중요하다고 생각합니다. 칭찬을 멈추지 말고 내 의도, 즉 내 진심이 무엇이었는지 다시 한번 얘기하는 게 필요해요. 그러면 상대가 내 진심을 알아차릴 수 있을 겁니다.

최명기　　　이런 경우도 있습니다. 칭찬을 해주고 싶어도 칭찬할 게 없을 때도 있는데요. 그럴 때 굉장히 난감하죠. 칭찬을 하려는데 눈을 씻고 봐도 칭찬할 게 없으면 이렇게 해보는 게 어떨까 싶습니다.

이를테면 상대가 기분 좋은 뭔가가 있을 때 옆에서 같이 기분 좋아해주는 거죠. 같이 웃고 떠드는 겁니다. 그것 자체가 칭찬이에요.

예를 들어 아이에게 칭찬하고 싶은데 딱히 칭찬할 게 없으면 아이가 재밌게 보고 있는 유튜브 영상을 옆에서 같이 보면서 "우리 딸 재밌는 거 보고 있구나!" 하고 말하면 되는 겁니다.

말로 하는 칭찬보다 더 가치가 있습니다. 문제가 생길 일도 없을 거고요.

＼ 호감 가는 대화로 이끄는 노하우 ／

한석준　　　　누구나 말실수는 할 거예요, 할 수밖에 없습니다. 최대한 하지 않으려고 노력할 뿐이죠. 그런데 말실수가 두려워 아무런 말도 하지 않겠다는 건 좋지 않다고 봐요.

그보다는 상대가 내 말을 어떻게 받아들일지 생각하고 말하는 게 좋다고 봅니다. 그게 오히려 말실수를 줄이고 호감 가는 대화로 이끄는 초석으로 작용하지 않을까요.

그런가 하면 비언어적 표현이 중요합니다. 환한 미소 또는 무표정으로 하려는 말을 강조해주고 손동작으로도 보여줍니다. 언어는 없지만 시각적 효과가 있으면 훨씬 더 잘 받아들이고 이해하죠.

그리고 '비화'를 줄이는 것도 필요해요. 즉 아무런 의미가 없는 말을 줄이는 겁니다. 예를 들어 "어" "그" "저" 하는 말들을 줄여야 합니다. 이것들만 유념해도 훨씬 더 호감 가는 대화로 이끌 수 있을 거예요.

최명기　　　　말실수를 많이 하는 분들은 생각보다 말이 먼저 나옵니다. 뇌 구조의 문제일 수 있기 때문에 의지로 잘 되지 않죠. 문제가 너무 심하면 치료를 해서 좋아질 수 있고요.

이를테면 성인 ADHD의 충동성 때문에 그러는 거라면 증상을 치료해야 충동성을 낮출 수 있고 자연스레 말실수도 줄어들 수 있는 겁니다. 우울증이 너무 심각해 뇌가 제 기능을 하지 못하고 참을성이 없어져 말실수가 많아진다고 하면 증상을 치료해야 좋아질 수 있는 겁니다. 공황발작 직전으로 불안도가 굉장히 높으면 조금만 건드려도 말이 막 나갈 수 있고요.

그런 경우가 아니라면 통상적으로 말실수를 한 다음 수습의 과정이 중요합니다. 말실수를 해서 상처를 줬다면 사과를 해야

말실수는
수습 과정이 중요하다

합니다. 사과의 말이나 선물을 준비해서라도 사과의 표현을 해야 합니다. 즉 말실수를 했다면 전후 상황이 어쨌든 사과를 하는 게 중요하다고 생각해요.

누구나 정말 싫어하는 말은 보통 3가지를 넘지 않습니다. 욕도 사람마다 가장 싫어하는 욕이 다 다르죠. 욕이 아니더라도 가장 싫어하는 말이 다 다르고요. 그러니 '상대가 가장 싫어하는 말이나 욕만 쓰지 말자'라고 생각할 필요가 있습니다.

그런가 하면 듣는 사람도 이해해야 하는 부분은 웬만하면 말투를 문제 삼지 않았으면 한다는 거예요. 평소의 태도에서 나를 좋게 생각하고 호감으로 대하는 게 확실하다고 생각하면, 말투가 서툴고 설혹 기분이 나쁘기까지 하더라도 어느 정도는 넘어갈 수밖에 없는 것 같습니다. 말투는 바꾸기 힘들기 때문이에요.

이현주　　누구나 살면서 칭찬을 들어보셨을 텐데요. 그중에 특히 기억에 남는 칭찬이 있을 겁니다. 저도 잊히지 않는 칭찬이 있어요.

어느 교수님의 제자가 찾아와선 교수님이 저를 칭찬한 얘기를 해주는 거예요. 그 칭찬의 골지는 제가 마음 따뜻한 사람이라는 거였죠. 그때 기분이 너무나도 좋더라고요. 잊히지 않아요.

저는 그 제자를 두고 '칭찬 배달부'라고 명명해봤는데요. 예를 들어 한석준 아나운서님이 저와 대화하면서 최명기 원장님을 칭찬했는데 제가 원장님께 그 이야기를 해드리는 거죠. 그럼 원장님이 다시 아나운서님을 칭찬할 테고 저는 다시 아나운서님께 원장님의 칭찬 이야기를 전달할 겁니다. 원장님은 원장님대로 다른 분한테 칭찬 이야기를 전달할 테고요.

그렇게 칭찬을 전달하면 칭찬이 돌고 돕니다. 하나의 칭찬이 기하급수적으로 늘어나는 거죠. 그렇게 서로를 향한 호감도 나비효과처럼 확산됩니다.

인간관계 *Key Point*

♟ 상대가 열망하고 갈망하는 게 뭔지 정확히 집어야 한다
♟ 상대가 스스로 결정한 부분에 대해 무조건 칭찬하라
♟ 상대 자체를, 그 존재 자체를 무조건적으로 칭찬하라

지식인사이드: 인간관계 편

존경받는 사람들의
5가지 표현법

오스트리아의 정신과 의사이자 심리학자 지그문트 프로이트 Sigmund Freud는 일찍이 "표현되지 않은 감정은 절대로 죽지 않는다. 그것은 산 채로 묻혀 언젠가 더 흉측하게 모습을 드러낼 것이다."라고 했습니다. 자신의 솔직한 감정, 속마음 등을 기만하지 말고 적절히 표현해야 한다는 말인데요. 그때 중요한 게 '표현법'일 겁니다. 내가 아닌 상대의 상황에 포커스를 맞춰 기민하게 대처해야겠죠. 말을 아낄 때, 대화를 주도할 때, 상대의 말을 경청해야 할 때가 다를 테고요. 말 한마디의 힘이 얼마나 큰지 인지해야 하겠습니다.

\ 비밀을 말하고 싶은 이유 /

최명기　　　　가까운 사이라면 자신을 드러내려는 경우가 많다고 생각하기 쉬운데요. 항상 그런 건 아닙니다. 겁도 많고 신중하고 사람들과 거리를 두는 타입이 있어요. 그들은 자신의 비밀은 물론 남의 비밀도 잘 지킵니다. 엄청난 신의를 갖고 있어서라기보다 그렇게 태어났다고 하는 편이 맞을 거예요.

　반면 충동적인 타입도 있습니다. 그들은 머릿속에 떠오른 생각을 말해야 직성이 풀리죠. 이를테면 굉장히 좋은 아이디어가 떠오르면 말해야 하고 누군가를 너무나도 싫어해도 말해야 해요. 결국 그들은 자신의 모든 게 만천하에 드러나게 마련입니다.

한석준　　　　예전의 저는 소위 '입이 싼' 편이었어요. 최명기 원장님이 말씀하신 충동적인 타입에 가까웠죠. 저의 생각이나 들은 얘기, 하다못해 제 단점을 말할 때 거리낌이 없었습니다.

　아나운서가 되고 방송일을 하면서부턴 주변에서 "연예인 누구누구는 좀 어때?" 같은 가십거리를 많이 물어보고 저는 그때마다 "만나 보니까 괜찮아." 또는 "영 별로야."처럼 일일이 말하고 다녔고요.

　그런데 얼마 지나지 않아 제가 말하고 다닌 이야기들이 제 이름으로 좋지 않게 퍼지기 시작하더라고요. 당연하게도 저는 충격을 받았고 바뀌지 않으면 안 되겠다 싶었습니다. 그 이후부턴 저에 관한 얘기뿐만 아니라 어디서 무슨 얘기를 들었든 아무런 말도 전하지 않겠다는 식으로 바뀌었죠.

그럼에도 많은 말이 흘러들어오는데 그때마다 저는 "아, 그래?" 하는 정도로만 반응하고 있습니다.

최명기　　　　한석준 아나운서님의 사례에서 상반되는 감정을 엿볼 수 있습니다. 한쪽에는 말하고 싶은 욕망이 있고 다른 한쪽에는 피해받고 싶지 않은 욕망이 있어요. 스포츠 심리학에선 각각 승리를 향한 열망과 패배에 대한 두려움이라고 말하기도 하는데요.

한석준 아나운서님을 보면 뭔가를 말하고 싶고 또 잘하고 싶은 충동은 여전히 남아 있는 것 같아요. 그 충동이 말을 잘하는 능력으로 발현되는 것이고요.

다만 특정한 말을 했을 때 내게 엄청난 손해가 될 거라는 깨달음과 함께 피하고 싶은 마음이 있는 겁니다. 그래서 피해받고 싶지 않은 욕망이 말하고 싶은 욕망을 이긴 거고요.

결국 내가 한 얘기가 돌고 돌아 피해를 주는 경우만 신경이 쓰이는 거죠. 내가 한 얘기가 돌고 돌아 미담이 되는 건 신경이 쓰이지 않는 거고요. 그렇기에 겁이 많다기보다 마음이 굉장히 따뜻한 거라고 할 수 있겠습니다.

이현주 　　　　관계에서 적절한 경계를 갖는 게 결코 나쁜 것만은 아닌 것 같아요. 영화 〈찰리와 초콜릿 공장〉를 보면 윌리 웡카 초콜릿 공장 주인 웡카가 나와요. 그는 사람들에 대한 깊은 불신으로 은둔자처럼 생활하고 있죠. 그의 과거사를 다룬 영화 〈웡카〉가 개봉해서 봤는데 예전의 웡카는 사람들을 순진할 정도로 신뢰하는 모습이더군요. 이전의 웡카는 사람을 지나치게 믿었던 것이고 지금의 웡카는 사람을 의심하는 경향이 나타난다는 거죠.

저는 웡카가 좀 더 좋은 사람과 깊은 이야기를 나누되 그렇지 않은 사람과는 적절한 경계를 지키면 어땠을까 하는 생각을 해봤습니다. 사람을 지나치게 의심하는 것도 좋지 않지만 심각하게 순진한 것도 좋은 건 아니라고 생각해요.

그걸 어떻게 알 수 있을까요? 저는 '시간의 너비'라고 생각합니다. 서로에 대한 깊은 믿음과 신뢰, 유대와 연결 속에서 마음을 조금씩 오픈할 수 있죠. 예를 들어 호감 가는 누군가와 처음 만나면 좋은 모습을 보이려고 하지 않습니까. 그런데 내 사람이 되고 나면 나의 약점이 드러나죠. 그만큼 그를 믿기 때문이에요. 그리고 내 약점에 대해 들은 상대가 진심으로 공감했을 때 관계가 굉장히 끈끈해집니다. 하여 속마음을 꺼내 보여주는 건 사람과 사람의 관계를 훨씬 더 깊어지게 하는 굉장히 중요한 단계라고 생각해요.

＼ 말하면 안 되는 것들_ 사회적으로 용인되지 않는 것 ／

이헌주　　　　아무리 친하다고 해도 절대로 말하면 안 되는 것들이 있을 겁니다. 내 약점, 즉 상처나 트라우마를 말하는 건 어느 정도 수용될 수 있을 거라고 생각합니다. 다시 한 번 말하지만 아무리 친한 사이여도 말하면 안 되는 것들이 있습니다.

결국 '나'를 제외하면 모두 '남'이 아니겠습니까. 그런 면에서 사회적으로 비난받을 만한, 이를테면 알려지면 법적으로 문제가 될 만한 사항들은 절대로 말하면 안 될 테지요.

한편으론 상대가 알게 되면 부담을 가질 것들도 마찬가지죠. 예를 들어 "내가 말이야, 옛날에 사람을 죽인 적이 있어."라고 말하면 보통 감당하기 어려울 거예요.

하여 내 약점을 드러내는 것과 사회적으로 비난받거나 용인하기 힘든 이야기는 구분할 필요가 있다는 거죠.

절대 말하면 안 되는 것들

1번	사회적으로 용인되지 않는 것
2번	상대의 부정적 감정
3번	사생활
4번	험담
5번	자랑

최명기　　　　살인을 말씀하셔서 얘기를 해보자면, 살인자가 자신의 진짜 살인 경험을 꺼내는 데는 2가지 심리가 있습니다.

하나는 자랑이에요. "나는 사람 죽여봤는데 너는 죽여봤어?" 하는 거죠. 다른 하나는 과시예요. 상대를 압도하려는 거죠. 그러다 보니 "너, 내 말 안 들으면 확 죽여버리는 수가 있어." 하는 겁니다. 그런데 보통의 사람도 마찬가지예요. 결국 우리는 타인에게 인정받고 싶어 하는데 말을 막 하다가 보면 자랑하고 과시하죠. 그런데 말을 할 때는 잘 몰라요.

그런가 하면 내가 나의 괴로운 얘기를 건네는 이유가 뭔가 하면, 내가 갖고 있는 가장 중요한 재산이 바로 그 괴로움 그리고 고통일 때예요. 평생을 괴롭게 살아온 사람이라면 나에 대해 얘기할 게 괴로움밖에 없는 겁니다. 나의 존재 이유 또는 존재의 근원이 나의 고통인 거예요. 그러니 나의 괴로움과 나의 고통에 대해 얘기하게 되는 거죠.

그럴 때 '나는 이렇게 엄청난 고통을 겪으면서 죽고 싶을 정도로 괴로웠지만, 기어코 살아 남았어'라는 게 곧 내 자존심인 거예요. 내가 스스로에게 가장 자랑스러워하는 부분이기 때문이죠. 그러니 나의 허물과 고통을 얘기하는 건 나를 이해해달라는 것이고 곧 나의 존재를 증명하려는 겁니다.

사실 나의 괴로움, 고통, 허물처럼 타인에게 절대로 드러내면 안 되는 걸 말하게 되는데요. 정작 말할 때는 잘 모릅니다. 그러다 보니 절대로 드러내면 안 되는 상대에게 자신도 모르게 말하게 되는 거죠. 결국 절대로 드러내면 안 되는 사항을 절대로 드러내면 안 되는 상대에게 말하는 게 최악일 겁니다.

이헌주　　　문제는 인간관계가 고정적이지 않다는 데 있습니다. 관계란 게 물과 같아서 엄청 가까웠던 친구가 하루아침에 엄청 멀어지기도 하고, 반대로 엄청 멀었던 친구가 하루아침에 엄청 가까워지기도 하죠. 그러니 엄청 가까울 때 나의 허물, 고통, 괴로움, 약점에 대해 멋모르고 말했다가 엄청 멀어졌을 때 독으로 돌아오기도 합니다.

＼ 말하면 안 되는 것들_상대의 부정적 감정 ／

최명기　　　아무리 친해도 절대로 말하면 안 되는 건 또 있습니다. 예를 들어 누군가가 나를 싫어하는 것 같은데 꼭 직접 찾아가서 물어보는 사람이 있어요. "혹시 너 나 싫어해?"라는 식으로요. 그러면 그 관계는 끝나는 겁니다. 상대는 '내가 너를 싫어할지 모른다고 네가 생각하고 있었네? 이제 진짜 싫어지는데?' 하고 생각할 테죠.
　　그러니 누군가가 나를 싫어하는지 혹은 믿지 않는지 같은 부정적인 마음에 대해선 가급적 확인하지 않는 게 좋습니다. 확인하는 순간 현실이 되어버리니까요.

그 심정이 이해가 가긴 합니다. 불안하니까 물어보는 거예요. 이를테면 연인이 있어요. 한 사람이 다른 한 사람한테 확인하고 싶어 해요. 나를 사랑한다는데 사랑하는 것 같기도 하고 사랑하지 않는 것 같기도 해서 헷갈려요.

그럴 땐 보통 "혹시 내가 뭐 잘못한 거 있어?" 같이 물어봐요. 그런데 사실은 "너 나 싫어해?" "너 나 못 믿어?"라고 물은 거나 다름없어요. 결국 나를 향한 상대의 부정적 감정을 확인하는 거죠. 부정적 감정을 확인하는 건 인간관계에 있어서 절대로 하지 말아야 할 것 중에 하나입니다.

이헌주 인간은 누구나 핵심적인 신념을 갖고 있습니다. 그 핵심 신념을 추라고 가정해보면, 추가 왼쪽으로 가면 내가 오른쪽으로 가고 싶어도 왼쪽으로 끌려갈 수밖에 없어요. 그건 어린 시절 형성된, 사회와 세상과 타인과 나에 대한 믿음이고요.

이를테면 어린 시절에 가장 중요한 부모에게 뼈아픈 상처를 받았다든가 씻기지 않는 거절을 받았다든가 혼자 남겨지는 외로움, 고립감을 느꼈다든가 했을 때 어른이 되어서 큰 영향을 미치는 것 같습니다. 그런 분들이 스스로에 대해 부정적인 마음을 갖기 쉽죠. '사람들은 날 싫어할 거야' '사람들은 날 거절하겠지' '사람들은 날 볼품없게 볼 거야'처럼 생각하면서요. 그리고 상대에게 끊임없이 확인하고 싶어 합니다.

스스로를 향한 부정적 감정이 상대를 향하는 거죠. 사실 사랑을 확인하고 싶고 사랑을 갈구하는 건데, 나를 싫어하는 건가 싶은 생각으로 흘러들어가 말이 그렇게 나와버리는 겁니다. 하여 최명기 원장님께서 말씀하신 그런 사례가 부지기수로 양산되는 것 같습니다.

＼ 말하면 안 되는 것들_사생활 ／

최명기　　　관계가 가까워질 때는 나와 상대 사이에 서로 싫어하는 걸 굳이 발견하지 않습니다. 하지만 가까워지고 나서 사생활에 대해서까지 얘기하는 수준이 되면 서로 싫어하는 게 생기기 마련이죠.

인간관계를 형성할 때 서로를 좋게 생각하고 나쁘게 생각하는 건 굉장히 작은 부분에서 기인하는데요. 가까워질수록 내가 상대에 대해 싫어하는 게 생기고 상대도 나에 대해 싫어하는 게 생기는데, 그걸 상쇄할 만큼 서로 좋아하면 문제 되지 않습니다.

그러나 서로에게 애정, 사랑, 존중이 조금이라고 식으면 그동안 전혀 문제가 되지 않았을 부분이 슬금슬금 수면 위로 올라오

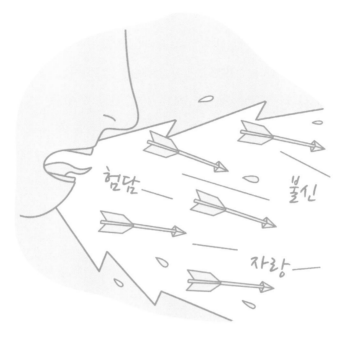

험담, 자랑, 사생활 등은
아무리 친한 사이라도 절대로 말하면 안 된다

는 거죠. 애초에 알지 못했다면 수면 위로 부상할 것도 없을 겁니
다. 그러니 아무리 친하고 가까운 관계라 해도 자신과 상대의 사
생활에 대해선 웬만하면 얘기를 나누지 않는 게 좋겠습니다.

\ 말하면 안 되는 것들_험담 /

이현주　　　특정인이 없을 때 그를 두고 누군가와 험담하면 친밀도가 높아지는 것처럼 느껴질 겁니다.

　하지만 제 생각으로는 험담을 한다는 건 바이러스를 유포하는 것과 다름없다고 봐요. 내가 내 입으로 남의 험담을 하는 순간 더 이상 통제가 안 될 테고 또 그 험담이 어디로 어떻게 전염될지 가늠할 수 없죠.

　그러니 "너한테만 말하는 거야, 어디 가서 말하면 안 돼."라고 말하는 건 사실 확성기를 켜는 것과 다름없다는 걸 알아야 합니다. 말은 돌고 도는 법이에요. 결국 자기 자신에게 돌아올 거라는 사실을 알고 있어야 할 겁니다.

한석준　　　최근에 제 주변에서 어떤 사건이 하나 터졌습니다. 그 사건으로 단단히 열이 받은 당사자가 끊임없이 역추적을 했죠. 역추적에 역추적을 한 결과 그 사건에 대해 누가 어떤 발언을 했는지 전부 다 찾아낼 수 있었죠.

　이현주 교수님 말씀처럼 말은 돌고 도는 법이고요. 기가 막히게 다 알게 되더란 말입니다.

3장 성숙한 어른의 품격 있는 말하기 기술　　　　　193

\ 말하면 안 되는 것들_자랑 /

최명기　　　　자랑도 절대 말하면 안 되는 것들 중 하나라고 할 수 있겠습니다. 그중에서도 특히 돈 자랑은요.

첫째로 자랑하고 싶지 않은데 그냥 자랑하게 되는 경우가 있어요. 이를테면 돈 많은 슈퍼스타들은 굳이 자랑하고 싶지 않을 수도 있는데 남들이 알아서 다 알려주지 않습니까. 존재 자체가 자랑이 되는 거죠. 그런 경우는 어쩔 수 없다고 생각해요.

둘째로 돈이 별로 없는데 있어 보이고 싶어 하는 경우가 있습니다. 그런데 허세를 부리면 남들이 모를 것 같다고 생각하는 모양인데 다 알아요.

셋째로 자랑을 하고 싶은 의도로 자랑하는 경우예요. 최악이죠. 물론 남들의 눈에 다 보입니다. '네가 나보다 돈이 많다는 걸 알아서 나를 깔아뭉개 보려고 하는구나' 하고 말이에요.

예전에는 일반 대중에게 그런 식으로 돈 자랑을 하는 게 어느 정도는 받아들여졌던 것 같아요. 그런데 지금은 그렇지 않죠. '나보다 잘난 게 하나도 없는 것 같은데 왜 그렇게 돈이 많은 거지?' 하고 생각하는 겁니다. 그러니 위험해요. 내게 적의를 펼지도 모르는 사람 앞에서 돈 자랑을 하는 건 참으로 위험하죠.

그런데 그 돈 자랑을 하는 사람들은 재밌어 해요. 하지 않을 도리가 없어요. 내가 돈이 많다는 걸 타인이 인정해야만 스스로 돈이 많다는 걸 확인하는 심리가 깔려 있기 때문이죠. 타인의 인정을 갈구함에 있어 자신이 갖고 있는 게 앞서 괴로움 내지 고통이었다면 이 경우는 돈인 겁니다.

이현주　　　돈 자랑에 이어서 말씀드리자면요. 그보다 더 심한 자랑이 있습니다. 바로 자식 자랑이에요. 내 아이가 똑똑하고 좋은 학교 나와서 직업도 좋고 외모도 출중한데 명예롭기까지 하다면, 그리고 그걸 자랑하고 다니면 아이가 있는 상대는 속이 뒤틀릴 겁니다. 특히 상대의 아이가 자랑할 만한 걸 갖추지 못하고 있다면요. 그러니 적어도 자식 자랑은 자제할 필요가 있다고 봅니다. 아니, 자제해야겠죠.

한석준　　　저는 돈, 학벌, 직업, 능력, 명예 등 열심히 노력해서 얻은 성과라면 자랑할 수 있다고 봅니다. 그렇게 자랑하는 게 열심히 노력한 날들에 대한 나름의 보상이기도 하다고 생각해요.
　　다만 아무 생각 없이 그냥저냥 자랑하는 것과 열심히 노력해서 얻은 자부심을 표현하는 건 다르다고 생각합니다. '자부심'은 앞서 말씀드린 것처럼 내가 열심히 노력한 날들에 대한 보상이라고 할까요. 그래서 남들의 노력에도 존중심을 갖죠. 나의 노력과 그들의 노력이 결코 다르지 않을 테니까요.
　　노력과 노력의 성과는 항상 비례하지 않습니다. 똑같이 노력

자랑과 노력으로 얻은 자부심은
전혀 다른 성질의 것이다

했지만 누군가는 운이 좋아서 조금 더 얻고 다른 누군가는 운이
좋지 않아서 조금 덜 얻는 거죠. 그 사실을 대부분 알고 있어요,
누구나 운이 좋아서 조금 더 얻었을 때가 있었고 운이 좋지 않아
서 조금 덜 얻었을 때가 있었으니까요. 그러니 남들의 노력을 무
시하지 않고 자신의 노력을 높이지 않는 겁니다.

　그런데 자랑은 앞뒤 없이 그냥 내가 잘난 거예요. 남들의 노

지식인사이드: 인간관계 편

력에 존중이 없어요, 무시하고 폄하하죠. 나의 노력과 그들의 노력이 같지 않다고 생각하는 겁니다. 앞으로 자신에겐 노력에 따른 엄청난 성과만 따를 거라고 여기는 것 같아요.

＼ 같은 말을 다르게 받아들이는 이유 ／

최명기　　　같은 말을 해도 다르게 느껴지고 또 받아들이는 이유가 있습니다. **상대가 다르니까요. 그래서 자랑이 되기도 하고 자랑이 되지 않기도 하는 겁니다.** 예를 들어 어린 시절 백혈병에 걸렸다가 살아나 의대에 들어간 자녀의 이야기를 친구한테 말하는 건 자랑이 아니죠. 기쁨을 같이 나누는 거니까요.

그런가 하면 자식을 자랑할 때 상대도 기뻐할 거라고 생각하며 말해요. 착각이에요. 내 기쁨을 전달하면서 확대 재생산하고 싶은데 상대를 잘못 선택한 겁니다. 오랜 시간 동안 잘 알고 지내면서 충분한 동질감을 형성하지 못한 상대에게 나의 기쁨을 나누려 하니 상대는 듣기 싫은 거죠.

하여 사람들이 굉장히 싫어하는 자랑의 형태가 뭐고 하면, 상대는 기쁘고 또 들떠서 말하는데 정작 나는 전혀 기쁘지 않을 때예요. 그럴 때는 자랑으로 느껴지는 것도 모자라 시기 질투하고 심지어 깨뜨려버리고 싶어지죠.

이현주　　　스티브 잡스^{Steve Jobs}가 지난 2005년 스탠포드 대학교 졸업식에서 축사로 자신이 암에 걸린 이야기를 진솔하게 전했죠.

　"곧 죽을 거라는 걸 생각하는 건 내 인생에서 큰 결정들을 내리는 데 가장 큰 도움을 줬습니다."

　잡스는 평생 써도 다 쓸 수 없을 만큼 돈이 많고 전 세계에 알만한 사람들은 다 아는 유명인으로, 그야말로 모든 걸 가진 엄청난 사람이었지 않습니까.

　보통의 우리와는 연결성이 없단 말이죠. 그런 그가 **자신의 이야기를 진솔하게 꺼내니 많은 사람이 감동하면서 박수를 치더군요.** 그 영상은 나온 지가 20년이 되었는데도 여전히 전 세계 수많은 사람에게 회자되고 있습니다.

　그러니 상대의 자랑에 내가 동조하지 못하고 오히려 기분이 나쁜 건 상대가 나를 진심으로 대하지 않기 때문이 아닌가 싶어요. 진솔함이 묻어나지 않는 거죠.

최명기　　　타인의 자랑으로 상처받고 괴로움을 느낄 때 할 수 있는 건 상대가 나한테 자랑할 수 없지만 나는 상대에게 자랑할 수 있는 걸 생각해보는 겁니다.

우리는 모두 타인을 부러워하죠. 이를테면 나이 드신 분들은 젊음을 부러워해요. 돈, 명예, 직위 등 다 가졌지만 젊음을 살 순 없으니까요. 그런데 오히려 젊은 사람은 나이 드신 분들을 부러워해요. 지금 당장 풍부한 인생 경험을 얻을 수 없으니까요.

결국 우리는 누군가가 자랑할 때 괴로워하고 때론 상처도 받겠지만 그의 일부를 부러워합니다. 그러니 그 또한 나를 부러워하지 않을 수 없다는 거예요. 그 사실을 인지하면 마음이 훨씬 편하지 않을까 싶네요.

＼ 나이 들수록 존경받는 사람들의 표현법 ／

이현주 　　　제자들을 포함해 동료 교수에 이르기까지 많은 이에게 존경받는 분 하니 한 분이 떠오릅니다. 그분은 이런 식으로 말씀하시는데요. "이거 어떻게 하는지 가르쳐줄 수 있을까? 배워보고 싶네."라는 식이에요. 여러모로 대단하신 분인데 배워보고 싶다고 가르쳐줄 수 있냐고 자신을 낮추며 말씀하시곤 하죠.

그러니 제가 어찌 그분을 제 마음속에 들이지 않을 수 있겠습니까. 어찌 존경하지 않을 수 있을까요. 그런데 저만 그런 줄 알았더니 그분을 아는 많은 사람이 그분께 마음을 오픈하고 있더군요. 존경하는 마음을 품고 있는 건 물론이고요.

나이가 들면 "세상이 원래 이래" "나 때는 말이야" "넌 그것밖에 못하니?"라고 말하면서 자신의 이야기를 하려 하고 교육하려 할 뿐이지 배우려 하고 들어보려 하지 않습니다. 그러니 **나이가 들어 죽을 때까지 끊임없이 뭔가를 배우려 하고 성장하려는 자세 자체가 존경받을 수 있는 핵심 원리인 것 같아요.**

최명기　　　　제가 생각하기에 살아가는 방식에는 4가지가 있습니다. 첫 번째는 '나도 좋고 너도 좋고'예요. 두 번째는 '난 맞고 넌 틀려'예요. 세 번째는 '난 틀렸고 넌 맞아'고요. 네 번째는 '나도 틀리고 너도 틀려'예요.

흔히 나이가 들수록 자신에게 인색해져야 한다고 생각하기 쉬운데, 아닙니다. **자기 자신에게 그리고 누구에게든 너그럽고 관대해야 해요.** 즉 본인이 하고 싶은 걸 하고 남들도 하고 싶은 걸 하게끔 놔두고 또 받아들이는 거죠.

그런가 하면 세상이 달라졌다지만 나이 든 사람이 얘기하면 나이가 덜 든 사람은 말을 자르지 못하고 수긍하는 편입니다. 그러니 나이도 들고 지위도 어느 정도 있는 사람은 상대가 질릴 때까지 말을 많이 할 가능성이 높아요. 그의 입장에선 자신의 생각이 맞다고 해서 얘기해주는 건데, 정작 상대는 질색하면서도 그의 생각과 맞지 않는 얘기를 들어줄 수밖에 없는 거죠. 결국 위의 두 번째 '난 맞고 넌 틀려'로 흘러갈 수 있다는 겁니다.

그러니 위의 첫 번째 '나도 좋고 너도 좋고' '나도 맞고 너도 맞고'라는 방식 그리고 태도를 견지하는 게 굉장히 중요하다고 하겠습니다.

한석준　　　저의 경우 만남을 갖는 것 자체만으로 너무 기분 좋았던 분이 있는데요. 그분은 만날 때마다 "너는 볼 때마다 이렇게 내 기분이 좋니?"라고 하셨어요. 그분을 뵐 때마다 그 말씀을 똑같이 하실 줄 알고 있으면서도 만나 뵙고 여지없이 그 말씀을 들을 때마다 기분이 너무 좋더군요.

저라는 존재 자체를 무조건적으로 칭찬해주고 저라는 존재 덕분에 그분의 기분이 좋다고 하니까요. 자연스레 그분을 생각하면 편하고요, 어느덧 존경하고 있는 저를 발견했죠.

인간관계 *Key Point*

♟ 용인되지 않는 것, 사생활, 자랑, 험담 등을 말하지 말라
♟ 자신의 이야기를 진솔하게 전하는 데 소홀하지 말라
♟ 끊임없이 배우고 성장하려는 자세를 견지해야 한다

인간관계 처방전

세 번째

(끌리는 말투, 호감 가는 말투의 비결)

× 사람을 이루는 이미지에 말투가 절대적으로 영향을 준다
× 상대를 긍정하는 대화의 기술은 좀 더 호감 가는 인간관계를 구축하는 데 큰 도움이 된다
× 반격하는 말, 너무 솔직하고 직설적인 말, 너무 자세하게 늘어놓는 말, 같은 내용을 반복하는 말은 비호감의 말투에 해당한다
× 오프라인에선 말을 줄이고 온라인에선 상대와 비슷하게 말하는 게 좋다
× 상대의 말에 얼마나 깊이 호응하느냐, 상대의 말에 얼마나 호기심을 갖고 계속해서 질문하느냐가 중요하다
× 온몸을 이용해 전심전력으로 상대를 향하려는 게 '몰입'의 핵심사항이다
× 웃으며 상대를 칭찬하면 상대로 하여금 자신의 얘기가 재밌고 같이 대화하는 게 즐겁다는 인상을 받을 것이다

사람의 마음을 움직이는 칭찬의 기술

× 상대가 가장 열망하고 또 갈망하는 게 뭔지 정확히 잡아내는 게 칭찬의 핵심이다

× 상대가 스스로 결정했다고 하면 그 부분을 두고 무조건 잘했다고 칭찬하는 게 좋다

× 상대 자체를, 그 존재 자체를 무조건적으로 존중하는 게 칭찬의 핵심 기술이다

× 칭찬이 독이 되는 경우도 있다는 걸 인지하고 상대에 따라, 장소에 따라, 때에 따라 칭찬의 유무를 잘 따져야 한다

× 말실수와 비화를 줄이는 한편 비언어적 표현을 잘 활용하면 호감 가는 대화로 이끌 수 있다

× 칭찬이라는 외형보다 칭찬 안의 진심이 중요하다는 걸 잊지 말고 칭찬을 계속해야 한다

존경받는 사람들의 표현법

× 자신을 온전히 오픈할 수 있는 건 타인을 향한 믿음과 신뢰, 유대와 연결 등이다

× 사회적으로 용인되지 않는 건 절대로 말하면 안 된다

× 상대의 부정적 감정을 확인하는 건 절대로 하지 말아야 한다

× 자신과 상대의 사생활에 대해선 웬만하면 얘기를 나누지 않는 게 좋다

× 말은 돌고 도니 누군가를 두고 험담하는 건 절대로 하지 말아야 한다

× 돈 자랑, 자식 자랑, 아무 생각 없는 자기 자랑은 하지 않는 게 좋다

× 끊임없는 배움과 성장에의 자세 자체가 존경받는 핵심 원리다

× 자기 자신에게 또 누구에게든 너그럽고 관대해야 존경받을 수 있다

4장

나를 잃지 않고
관계를 지키는 비결

관계 회복의 심리학

무례한 사람을
가볍게 상대하는
5가지 기술

살면서 우리는 다양한 상황에서 다양한 종류의 무례한 사람을 만납니다. 그들은 무시로 선을 넘나들면서 우리에게 상처를 주고 관계를 불편하게 만들죠. 폭력적이라고 해도 틀린 말은 아닐 겁니다. 그런데 어쩌면 대다수가 그냥 참을 뿐 별다른 대처를 하지 않거나 하지 못합니다. 관계가 어그러질까 봐 두렵기도 하겠지만 대처 방법을 모르기 때문이기도 하죠. 그러니 연습이 필요합니다. 무례한 사람의 유형을 제대로 알고 상처받은 내면을 제대로 들여다보곤 무례한 사람을 상대하는 표현법을 연습한다면, 무례한 사람들 사이에서 자기 자신을 찾을 수 있을 겁니다.

＼ 무례한 사람과 맞닥뜨렸을 때 ／

최명기　　　누구나 마찬가지겠지만 저의 경우 무례한 사람과 맞닥뜨린 적이 여러 번 있었습니다. 그중에서 인터넷 댓글이 유독 기억에 남아요. 제가 어딘가에 '제게는 진정한 친구가 없다'라고 올렸어요. 그랬더니 가장 먼저 올라온 댓글이 뭐였냐 하면 '너 친구 없게 생겼어'였어요. 굉장히 무례하다는 생각이 들었죠.

우리가 일을 하며 활동을 하고 살아가다 보면 원하는 말도 듣지만 원하지 않는 말도 듣지 않습니까. 그럴 때 '너나 정신병원에 입원해라' 같은 말을 들으면 굉장히 무례하다고 할 수 있겠죠. 그런데 그런 댓글이나 그보다 더 심한 댓글을 남기는 경우도 허다합니다. 안타까운 현실이죠.

한석준　　　저의 경우 얼마 전에 제가 운영하는 SNS에 사진 하나를 올렸는데 누군가가 '그렇게 입으니 굉장히 늙어 보이시네요'라고 댓글을 달았더군요. 누군가의 별생각 없어 보이는 듯한 무례한 댓글에 기분이 상당히 나빴죠.

그런데 사실 극명한 무례에 열이 받는 게 아니라 애매한 무례에 열이 받습니다. 극명한 무례에 비해 애매한 무례의 상황에선 명확하게 열 받을 대상이 없으니까요.

예를 들어 회사에서 부장님이 박 과장과 이 과장한테는 잘 대해주는 것 같은데 나한테는 잘 대해주지 않는 것 같아요. 물론 충분히 그럴 수 있는데, 특정 상황에서 살짝 꼬아서 말하곤 하죠.

업무 보고를 갔는데 부장님이 "하… 박 과장이 바쁘지만 않았어도 좋았을 텐데 말이야." 하고 말한다든지요. '업무를 끝마치고 보고를 드렸는데 왜 부장님은 내가 아닌 박 과장 얘기를 하는 걸까.' 생각하며 확 들이받자니 들이받을 만큼 무례한가 아리송하고 참고 넘어가려니 언제까지 참아야 하는가 애매하죠.

내겐 분명한 내적 확신이 있지만 말하기에는 애매한 정도예요. 그들은 그렇게 애매하게 선을 넘나듭니다. 이를테면 이런 식으로 애매한 무례함들이 열 받게 하는 것 같습니다.

또 이런 경우도 있습니다. 무례함의 대상에 관한 것인데요. 저의 경우 지나가는 누군가가 무례하게 굴었다면 그냥 넘어갈 수 있을 것 같아요. 두 번 다시 보지 않을 테니까요. 그런데 학교에, 직장에 무례하게 구는 사람이 있다면 견디기 힘들 것 같아요. 매일 봐야 할 테니까 말이죠.

＼ 무례한 사람의 특징 ／

이헌주　　　언어를 배우고 대화법을 배운다고 해도 상대를 수용하고 이해한다는 관점 자체가 결여된 사람들이 있습니다. 그래서 자신은 좋게 말하면서 좋게 포장한다고 하지만 주변 사람들은 상처를 굉장히 많이 받을 수 있는 거죠. 자신이 무례한 일을 겪을 땐 굉장히 예민하게 반응하면서 난리가 나지만요.

반면 상대에겐 선을 넘는 표현과 무례한 행동을 하면서도 '그게 뭐가 문제야? 문제가 될 만한 거야?' 하고 쉽게 넘어가려 하죠. 심지어는 뭐가 잘못된 소통이었는지를 아예 모르는 경우도 있습니다. 그 편차가 너무 큽니다.

예를 들어 "야, 네가 시험에 합격한 거 보니까 이번에 엄청 쉬웠나 봐?"처럼 말하는 거예요. 상대의 표정이 좋지 않으니까 곧바로 "야, 농담이야 농담. 삐졌냐? 그런 걸로 삐졌어?"라고 이어서 말해요. 그런 사람하고 있으면 화를 낼 수 없는 건 고사하고 뭐라 하기도 힘듭니다. 기분 나쁜 티만 내도 옹졸한 사람 취급을 하거든요. 그게 누적되니 힘들 수밖에요.

한석준   저는 "이런 친구 나밖에 없어, 이런 말 나밖에 못해주는 거 알지?"라고 말하는 사람치고 좋은 사람 못 본 것 같습니다. 그들은 정말 필요한 조언을 해줬는데 조언을 삐딱하게 받아들이는 사람이 잘못된 게 아니냐고 생각할지 모르겠지만, 제 생각으로는 그 정도로 받아들여지지 않는 사이라면 조언을 하지 않는 게 맞다고 봐요.

성인이 되고 나선 뭔가를 모른다고 할 때 모르는 것 자체도

죄가 됩니다. 예를 들어 합법인지 불법인지 잘 모르는 것들이 있는데, 그때 불법을 저지르고 나서 불법인지 몰랐다고 해도 무죄인 건 아니지 않습니까.

사람과 사람 사이의 인간관계에서도 예의범절이라는 게 존재하고 성인이 되기 전에 배워야 하니 최소한의 것은 인지하고 있어야 합니다. 그걸 어겨놓곤 "그런 말에 네 기분이 상할지 몰랐어." "그런 말이 예의범절에 어긋나는지 몰랐어."라고 어물쩍 넘어가면 안 되는 거죠. 스스로 부끄럽게 생각해야 합니다.

최명기　　　무례한 사람을 둘로 나눠보죠. 모른 채 무례한 사람과 알면서도 무례한 사람으로요. 무례한 사람들을 보면 대체로 충동적입니다. 머릿속의 생각을 필터 없이 막무가내로 내뱉어요. 그러나 모른 채 무례한 사람은 정말로 뭐가 뭔지 모릅니다. 이를테면 표정만으로 감정을 알아채는 건 능력이에요. 그 능력을 올바르게 쓰면 공감일 것이고 올바르지 않게 쓰면 사기겠죠.

누군가가 모른 채 무례하다고 했을 때, 즉 내가 충동적이거니와 내가 어떤 말을 했을 때 타인이 상처받는다는 걸 전혀 모른다고 가정했을 때 상대는 가르쳐줄 수 있겠고 가르쳐주지 않을 수도 있겠죠.

그가 전혀 모르는 사람이든 다신 안 볼 사람이든 상관없이 그땐 무례함을 당한 내가 어떤 사람이냐에 따라 다릅니다.

누군가 나한테 모르고서라도 무례하게 대했을 때 그냥 넘어가기 힘든 타입이라면 차라리 가르쳐주는 게 나을 거예요. 그때 그가 정말로 아무것도 모른 채 무례한 사람이라면 사과를 할 테죠. 잘 끝날 수 있는 겁니다. 그러나 어떤 경우에는 자신의 방법을 타인한테 강요하는 사람이 있어요.

예를 들어 말을 하지 않고는 넘어갈 수 없는데 옆에서 자꾸 말할 필요가 없다는 거예요. 그건 본인한테 맞는 방법이지 다른 누군가한테는 맞는 방법이 아니지 않습니까.

반대로 말하지 않고 피하거나 이해하고 감싸주는 게 맞다고 생각하는 사람도 있고요. 각자 자신이 맞다고 생각하는 방법으로 무례한 사람을 대하면 되는 겁니다.

그런가 하면 무례한 걸 알면서도 무례하게 행동하는 사람이 있습니다. 이를테면 무례한 사람들이 충동적이거니와 표정을 읽지 못하더라도 무례한 행동을 하고 나면 상대의 피드백을 받기 마련이에요. 그때 상대의 피드백을 통해 자신이 특정 얘기를 건네면 상대가 특정 감정을 일으킨다는 걸 알고 '재밌어서' 무례하게 행동하는 사람이 있습니다.

그때 재미는 2개로 나뉘는데요. 하나는 놀릴 때, 즉 무례하게 굴 때 상대의 반응에 나만 재밌는 경우고요. 다른 하나는 놀릴 때, 즉 무례하게 굴 때 상대의 반응과 주위의 반응이 합쳐져 재밌는 경우입니다. 내가 무례하게 굴었는데 주위의 다른 사람들이 같이 재밌어하는 거예요. 그걸 보고 기분이 더 좋아지는 사람들이 있습니다. 심히 사악하죠.

＼ 품격을 지키는, 무례한 사람 대처법 ／

한석준　　다신 안 볼 것 같은데 무례하게 구는 사람의 경우, 저라면 **아무런 피드백을 주지 않을 것 같습니다.** 차라리 계속 무례하고 예의 없는 상태로 둬서 다른 누군가한테도 실수하게끔 하는 게 더 낫다 싶어요. 한 번 보고 말 사이라면, 아무리 저한테 무례하게 굴었다고 해도 이런 일이 두 번 생기진 않을 거니까요.

　물론 열은 받겠지만 두 번 다시 안 볼 사람한테는 절대로 아무런 말도 하지 않을 겁니다. 오히려 계속 봐야 하는 사람한테만 어떻게 대처해야 할까 생각할 테죠. 다신 안 볼 것 같은데 무례하게 구는 사람한테는 그렇게 대처하는 게 맞다고 봅니다.

이현주　　정답은 없는 것 같습니다. 한 번 보고 말 사이라고 해도 단호하게 대처해야 하는 상황이라면 그리할 수도 있겠죠. 참고 넘어갔을 때 나중에라도 너무나 힘들다면 말이죠. 저 역시 한석준 아나운서님이 말씀하신 것처럼 한 번 보고 말 사람이라면 큰 에너지를 쓰지 않을 것 같아요.

제가 여러 종류의 사람들을 만나면서 또 깊이 있게 만나면서 깨달은 건 '사람은 정말 다양하다'라는 겁니다. 우리 사회에 당연히 나쁜 사람만 있는 건 아니지만 극단적인 이기주의자, 상식을 많이 벗어난 사람들도 많죠.

한 번 보고 말 사람이 그런 사람일 수 있단 말이에요. 그런 사람에게 몇 마디 한다고 해서 달라질 것도 없는데, 나는 심리적 에너지를 써야 합니다. 하여 저는 굉장히 큰 상처를 받지 않는 한 그냥 넘어가는 편입니다.

최명기　　　제 생각으로는 '다시 보지 않을 사람'에 2가지 경우가 있는 것 같습니다. 하나는 한 번 보고 다신 보지 않을 사람이에요. 그런 경우 그냥 스쳐 지나가는 게 좋아요. 대응을 하면 한 번 보고 말 것을 계속 만나게 될지도 모릅니다. 경찰서에서 만날 수도 있고 민원실에서 만날 수도 있고 법원에서 만날 수도 있고 병원에서 만날 수도 있죠. 어떻게 될지 모르는 일이니 그냥 스쳐 지나가는 게 상책입니다.

다른 하나는 앞으로 다시 만나지 않기로 한 사람이에요, 즉 한 번 보고 관계를 끊을 사람이죠. 그때는 조심해야 합니다. 그를 다시 만날지 만나지 않을지는 나의 결정에 대한 그의 반응에 달려 있어요. 나는 만나지 않으려 하지만 그가 매일같이 따라다니면 만날 수밖에 없죠. 나는 만나지 않으려 하지만 그가 잘못했다고 생각하면 또 만날 수밖에 없어요.

그렇기에 누군가와 관계를 맺을 때 다신 안 볼 생각이라면 조심해야 해요. 그에 대해서 다 알아봐야 하고요. 이를테면 그가 타인을 대할 때 뒤끝 있고 계획적으로 괴롭히는 타입이라면 내게도 예외가 아닐 겁니다. 그럴 땐 피하는 게 상책이고 주변에 도움을 청하거나 공권력의 도움을 받아야겠습니다.

저는 이렇게 말씀드리고 싶습니다. 지금 하고 계시는 바로 그 행동이 최선일 거라고 말이에요. 그 상황에서 벗어난 후에 없던 용기가 생기고 또 없던 죄책감도 생기지 않습니까. 당시에는 그렇게밖에 할 수 없었던 겁니다. 그러니 후회하거나 자책하지 않으셨으면 해요. 자신에게 가장 좋은 방법은 다른 누가 아닌 본인이 가장 잘 알고 있을 테니까요.

이헌주　　계속 봐야 하는 사람이 무례하게 구는 경우는 다신 보지 않을 사람과 다르게 대처해야 할 수도 있습니다. 먼저 무례함의 피해자 유형을 살펴보면요. 무례한 사람이 한데 몰리는 특정인이 있습니다.

예를 들어 회사에 직원이 10명이면 10명 모두 2 정도의 무례함을 내보이는데 특정인에겐 10 정도의 무례한 행동을 하는 거죠. 그런데요, 무례한 일을 겪고 있는 사람들을 보면 공통점을 발견할 수 있습니다. 틈이 있다는 거죠. 상대방의 비위를 너무 맞춰

준다든가 너무 저자세이거나 자신을 비하하는 경우도 있고요.

예를 하나 들어보죠. 어떤 사람이 계속 "제가 되게 맹하잖아요."라고 자학 개그를 반복적으로 했어요. 그러니까 식사를 하러 가서 다른 사람들이 "맹한 사람이 추천하니까 음식도 맹맹하네."라고 말하는 겁니다. 그럴 때 뭐라고 반박하긴 애매한데 기분은 나쁘죠. 그런가 하면 내가 표적이 된 것 같고 또 놀림거리가 된 것도 같고요.

그런 분들, 무례한 사람에게 표적이 되는 경우에는 단호하게 대처하는 것보다 **내게 틈이 있지 않다는 걸 보여주는 게 필요합니다.** 이런 경우도 있을 거예요. 악수할 때 상대는 당당하게 허리를 펴고 고개를 끄덕이는 정도인데 나는 고개를 숙이면서 두 손으로 공손히 해요. 그런 패턴에서 벗어날 필요가 있다는 겁니다.

그가 당당할 땐 나도 당당하면 되는 거예요. 그가 다정하다면 나도 다정하게 대하면 되는 거고요. 반면 그가 무례하게 대했을 때는 저자세로 수그리고 들어가지 않아야 합니다. 틈이 보이지 않게 주의할 필요가 있다는 거죠.

한석준　　　　물건을 주문하지도 않았는데 택배가 왔다면 받지 말아야 하지 않습니까. 내 것이 아니기도 하고 뭔지도 모르니까요. 그래서 받지 않으면 반송이 되어 주인에게 돌아가죠. 무례한 말도 똑같다고 생각합니다. **상대가 나한테 하는 무례를 수용하지 않**

상대의 무례를 수용하지 않겠다는
태도가 필요하다

는 거예요. **무시한다고 봐도 맞을 겁니다.** 무례한 말을 하든 말든 받지 않으려니 도로 가져가라는 거죠. 그러면 그 무례는 내 것이 아니고 주인의 것이 되는 겁니다.

최명기　　　계속 봐야 하는 경우에는 딱 보면 서로 알아요. 상대가 나한테 질 것 같은지 지지 않을 것 같은지 말이죠. 그럴 땐 하고 싶은 대로 해도 된다고 생각합니다. 그런가 하면 상대가 나한테 무례한 건 맞지만 대처했을 때 돌아오는 후과가 너무 커서 그 무례함을 그냥 넘어간다고 해도 결코 비겁한 게 아닙니다.

문제는 나한테 무례하게 구는 상대에게 조력자나 동조하는 세력이 있을 때예요.

예를 들어 어느 조직 또는 모임에 처음 들어왔는데 누군가가 무례하게 굴어요. 그에겐 조력자나 동조하는 세력이 있을 것 같아요. 그럴 땐 냉정하게 생각해봐야 하죠. 내가 좋아하는 누군가를 대체로 남들도 좋아하는 것처럼 내게 무례하게 구는 그를 대체로 남들도 싫어한다는 걸 알아야 합니다.

그러니 내게 무례하게 구는 그에게 조력자나 동조하는 세력이 있을 거라고 생각하는 건 대체로 내가 겁나서 그러는 거예요. 지레짐작일 가능성이 높죠.

그래도 내게 무례하게 구는 그에게 조력자나 동조하는 세력이 있을 거라 생각해 **당장 대응하기 어렵다면 상황을 제대로 파악해보세요.** 그를 따르는 사람들이 있다면 그를 좋아해서 따르는지 파악해야 합니다.

반면 사람들이 그를 두고 인격이 훌륭하다고 칭찬한다면 오히려 나를 돌아봐야 해요. '나만 그가 무례하다고 착각하고 있는 걸까?' 하고 말이죠. 자기객관화부터 확실하게 하고 넘어가야 하는 겁니다.

\ 실천 가능한, 무례한 사람 제압법 /

한석준　　　　최명기 원장님, 이헌주 교수님이 하신 말씀 모두 맞습니다. 보편타당한 말씀이에요. 그런데 누군가한테는 차원이 너무 높을 수 있을 것 같아요.

하여 저는 매일같이 타인의 무례함으로 힘들어하는 지극히 보통의 사람들에게 **현실적으로 바로 실천 가능한 3단계 대처법**을 말씀드려봅니다.

1단계는 되물어보는 겁니다. 이를테면 "제가 맹하다고요? 그게 무슨 뜻인가요?" 하고요. 다만 공격적인 말이 아니라 굉장히 따뜻하게, 아무것도 모르는 것처럼 순수하게 말이죠. "제 옷차림이 특이하다고요? 그게 무슨 뜻인가요?" 하고요.

무례한 사람의 대부분은 선을 타면서 사람을 놀립니다. 반격 당하면 "난 그런 뜻이 아니었어."라는 식으로 대응하려고요. 그런데 그와 동시에 뜨끔해요. '어? 애한테는 이런 식으로 계속 놀리면 안 되겠는데?' 하는 생각이 확 들기 마련이죠. 그럼에도 불구

무례한 사람 대처법

1단계	되물어본다
2단계	웃음기 없이 쳐다본다
3단계	아주 짧게 말을 건넨다

하고 굴하지 않고 계속 무례하게 굴면 2단계로 나아가야 합니다.

2단계는 웃음기 하나 없이, 아무런 말도 없이 3초 동안 쳐다보는 겁니다. 장난치거나 놀리거나 농담 같아지지 않는 거예요. 분위기가 쫙 가라앉죠. 그럴 때면 주변에서 아무도 그에게 동조하지 못해요. 다들 조용할 수밖에 없어요. 그러면 그가 오히려 무안해집니다.

그러면서 "농담이야 농담, 뭘 그렇게 정색하냐." 같이 대꾸해요. 놀린 당사자가 얼버무리면서 지나갈 수밖에 없는 분위기가 형성되는 거죠. 그 이후부턴 같은 장난을 치지 않을 가능성이 높아요. 그런데 그럼에도 불구하고 정신을 차리지 못했다고 하면 3단계까지 가야 합니다.

3단계는 아주 짧게 얘기를 건네는 거예요. "지금 선 넘으셨어요, 제가 기분이 굉장히 안 좋습니다." 하고 말이죠. 그때는 아주 짧게 말해야 합니다. 길게 말하면 주저리주저리 설명하는 꼴이 될 수 있어요. 그러곤 그 자리를 박차고 다른 곳으로 가버리는 겁니다.

물론 어렵긴 합니다. 무례한 사람 때문에 이미 욱했으니까요. 그때 욱한 걸 그대로 상대에게 반응하는 게 아니라 한 템포만 생각하는 시간을 갖는 거예요. 그렇게 이성을 되찾고 대응할 필요가 있겠습니다. 그래야 상대가 제대로 사태 파악을 할 테니까요.

이헌주　　　　우리 사회가 참 슬픈 게, 자신은 존중받고 싶으면서 타인을 존중하지 않는 문화가 광범위하게 자리 잡고 있는 것 같습니다. 저를 찾아오는 내담자들 대부분이 가해자 아닌 피해자인데요. 자신을 적절히 방어해야 상대의 무례한 행동이나 괴롭힘이 줄어들 수 있을 거예요.

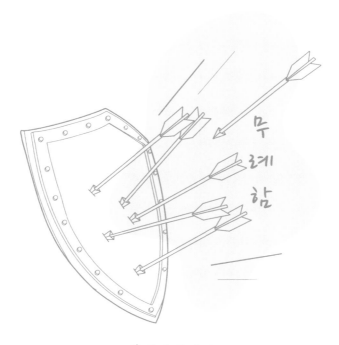

상대의 무례에
밀리지 않는 게 중요하다

예를 들어 회사에서 누군가가 내 머리를 보고 머리 스타일이 참 독특하다고 비꼰다고 가정해볼게요. 그때 나는 머리를 못 감아서라든지 일이 있어서라든지 하고 변명합니다. 그러면 그렇게 머리도 못 감고 준비 없이 회사 다니면 되겠냐는 대답이 돌아오죠. 나는 죄송하다면서 다음부턴 잘 준비하겠다고 답할 수밖에 없어요. 그런 식으로 이상하게 말려들죠.

그럴 때는 애초에 처음부터 상대에게 물어보는 겁니다. 한석준 아나운서님이 말씀하신 1단계 대처법과 비슷해요. "제 머리 스타일이 독특하다고요? 그게 무슨 뜻인가요?" 하고 말이에요. "그래서 하고 싶은 말씀이 뭐죠?" 하는 식으로까지 나아갈 수 있겠죠. 그럴 때 밀리지 않는 게 중요합니다.

여기서 한 가지 더 말씀드리자면 "죄송하다"라는 말을 너무 많이 쓰고 있는 건 아닌지 생각해볼 필요가 있습니다. 죄송하다는 말을 반복하면 상대의 입장에서 혼내고 싶어져요.

그러니 잘못한 게 있으면 제대로 사과하고 호의가 보이면 감사의 인사를 표현하는 게 좋습니다. 거기에 누구도 무례하게 대하기 힘들 거예요.

최명기   '내로남불'인 사람, 자기가 한 건 맞고 남이 한 건 맞지 않다고 생각하는 사람이 있어요. 그들은 자기가 한 나쁜 일은 금세 잊고 자기가 남한테 무례하게 한 걸 무례하다고 생각하지 않죠. 그런 사람들을 제압하는 방법이 있어요.

싸우는 거예요. 예를 들어 직장에서 상대가 나의 해고 유무를 판단할 수 있는 사람이 아니라면 싸우다가 자연스레 멀어질 거예요. 싸우기 싫다면 거절하다가 멀어질 거예요. 하지만 어쩔 수 없이 멀어질 수 없을 때면 멀어지지 못하는 나를 자책하지 말고 견디는 내게 높은 점수를 주세요.

문제는 친구나 가족의 경우예요. 친구를 예로 들면, 만날 때마다 무시당하는 것 같아 마음이 편하지 않으면 더 이상 그 친구와 같이 있을 이유가 없다는 거예요. 그때 구구절절 얘기해 사과를 받아내면서 멀어질 수 있겠고 만나지 않음으로써 멀어질 수 있겠죠.

그리고 가족, 그러니까 부모의 경우가 있어요. 만약 부모가 나를 너무너무 괴롭혀 견디기 힘들 때 내게 독립해서 살 수 있는 경제적인 능력이 있으면 당장 독립하는 게 좋습니다. 그런데 독립할 수 있는 능력이 안 된다면 집에서 빨리 나오고 집에 늦게 들어가세요. 그것도 안 되고 직장도 다니지 않는다면 낮과 밤을 바꿔 지내세요. 그렇게 부모와 마주칠 일이 줄어들면 자연스레 멀어질 겁니다.

＼ 존중받는 사람이 되는 비결 ／

최명기　　　무례한 대접을 받지 않는 다양한 방법을 말씀드렸는데요. 존중받는 방법은 또 다를 것 같습니다.

이를테면 회사든 동호회든 다 목적이 있지 않겠습니까. 그 집단에서, 즉 목적이 있는 집단에서 존중을 받으려면 집단이 추구하는 목적을 잘 수행해야 합니다. 회사에서 일을 잘하지 못하면 존중받기 어렵죠. 반대로 일을 잘하면 잘할수록 존중받기가 상대적으로 쉬울 테고요.

그런데 생각해보면 내가 존중받고 있지 못하기 때문에 어떻게 하면 존중받을 수 있을까 방법을 찾는 겁니다. 모두가 집단의 목적을 잘 수행할 순 없으니, 엄청 잘하진 못하면서도 존중받고 싶어 해요. 그들은 자신의 가능성을 존중받고 싶어 하는 겁니다. 눈에 보이지 않는 걸 존중받고 싶은 거예요.

보통 눈에 보이는 만큼만 존중해요. 그러니 대부분 현 상태에 만족하며 지낼 수 있습니다. 문제는 **갈등이란 게 눈에 보이지 않는 걸 존중받고 싶을 때 생긴다는 거예요.** 자신은 그 부분이 보일 테지만 상대는 아주 예민하게 신경을 곤두세워야 겨우 보일까 말까 하죠.

부모 자식 사이를 봐도 대체로 자식은 부모가 자신을 존중하지 않는다고 생각해요. 부모는 대체로 자식의 현재로 자식을 대

　　　　　　　　　　지식인사이드: 인간관계 편

하기 때문이죠. "네 지금 상태가 이 정도니까 안 돼, 하지 마." 하고 말이에요. 그럼 자식은 '왜 내 가능성을 알아주지 않는 거지, 왜 내 말을 존중해주지 않는 거지' 하고 생각합니다.

우리는 타인에게 내 가능성을 존중받고 싶다는 마음을 내려놔야 해요. 내 입장에선 내 안의 가능성이 존중받을 만한 가치가 있다고 생각하지만 타인의 입장에선 그 가능성이란 게 눈에 보이지 않으니 말이죠. 그 간극과 현실을 받아들여야 해요. 존중받고 싶은 마음을 내려놓는 게 오히려 해답이 될 수 있어요.

그런가 하면 존중이라는 게 사람에 따라 기준이 다릅니다. 이를테면 회사에서 상사의 경우 "난 너한테 욕하지 않아." "난 너한테 존댓말을 쓰고 있어." "난 네 얘기를 막지 않고 끝까지 듣고 있어."라고 하면서 더 이상 어떻게 존중하라는 거냐고 생각할 수 있어요. 그러나 직원의 경우는 다르죠. "왜 내 의견을 묵살하는 거죠?" 하고 말이에요.

어쩔 수 없이 간극이 벌어져 있습니다. 이건 해결할 방도가 없어요. 그러니 존중받고 싶으면 상대에게 존중을 강요하는 게 아니라 상대가 나를 좋아하게끔 말하고 행동하는 게 맞아요.

그리고 부모와 자식 사이에선 부모의 경우 자신이 인생 선배이자 자식을 키운 부모이기 때문에 자식한테 존중받을 권리가 있다고 생각하고요, 자식은 부모가 자신을 이렇게 키웠는데 어떻게 존중할 수 있겠냐고 반문해요.

자기를 비하하고 부정하면서 부모한테 책임을 전가하는 행위이긴 하겠지만 일면 이해가 가기도 하죠.

관계에서 한쪽은 상대를 굉장히 존중하고 있는데 다른 한쪽은 자신이 존중받고 있지 않다고 생각하는 경우가 많습니다. 결국 존중받는 법은 우선 상대의 입장에서 내가 과연 존중받을 만한 사람인지 또 존중받을 만한 위치에 있는지 생각해야 하고, 또 입장이 다르고 기준이 다르고 상황도 다르기에 유연하게 생각하면서 다른 전략을 채택해야 한다는 거예요.

한석준　　저는 이를테면 무례함의 피해자가 스스로를 탓하는 건 맞지 않다고 생각합니다. 물론 상대에게 틈을 보였다는지 하는 원인을 제공했을 수도 있겠지만, 궁극적으로 그들을 탓할 순 없다고 봐요. 그저 착하게 살아왔을 뿐인데 그 부분을 틈이라고 생각해 공격하는 사람이야말로 잘못한 거죠. 하필 그런 사람을 만나 관계를 맺어 힘들어하고 있을 뿐이고요.

그들에게 그동안 착하게 살았던 시간이 잘못되었다고 말하고 싶지 않습니다. 무례한 사람이 무조건 잘못한 거예요.

이현주　　반대의 경우도 있는 것 같아요. 만약 누군가로부터 무례한 언사나 행동을 한다는 말을 계속해서 들은 사람이라면 스스로를 제대로 들여다보는 연습이 꼭 필요합니다. 정죄를 하려는 게 아니라 사람은 누구나 실수할 수 있고 명료한 인식을 가지면 좀 더 나은 인간관계를 맺을 기회가 있기 때문입니다.

이를테면 스스로를 무례하다고 생각하는 사람은 많지 않을 거예요. 오히려 '뭐 저런 인간이 다 있어, 나는 그래도 무례하진 않지'라고 생각하며 타인의 무례함 속에 숨으려 할 겁니다. 그럴 때는 '나한테 혹시 그런 경향이 있나?' 하고 스스로를 돌아보고 점검하는 시간을 가질 수 있습니다.

또한 타인에 대한 조망 수용 능력(자신만의 관점에서 벗어나 타인의 입장을 이해하고 수용하는 능력)을 최대한 발휘하려는 마음을 갖는 게 필요합니다. 그런 시간과 마음을 바탕으로 바꿀 필요가 있는 것들을 바꿔 나간다면 타인의 존중을 받는 게 결코 어려운 일이 아닐 겁니다.

인간관계 Key Point

♟ 무례한 사람에겐 아무런 피드백을 주지 말아야 한다
♟ 무례한 사람에겐 내게 틈이 있지 않다는 걸 알려라
♟ 당장 대응하기 어렵다면 상황을 제대로 파악해라

반드시 멀리해야 할
5가지 인간 유형

인간관계에서 무례한 사람을 만나 스트레스를 받고 또 누군가의 감정 쓰레기통이 되는 경우도 많습니다. 그럴 때면 관계를 유지, 거리두기, 개선, 손절 중 어느 쪽을 선택해야 할까요? 심리학적으로, 정신의학적으로, 자기계발적으로 수많은 방법이 다양하게 소개되고 있는 실정인데 그중에서 '손절'이야말로 가장 단호하면서도 명쾌한 처방으로 각광받고 있습니다. 나를 지키기 위해선 손해를 감수하면서도 관계를 끊어낼 필요가 있기 때문이죠. 그렇다면 반드시 멀리해야 할, 즉 반드시 관계를 끊어내야 할 유형을 자세하게 살펴볼 필요가 있을 것입니다.

＼ 인간관계가 끊긴 경험 ／

이현주　　　　20대 때 경험 하나가 떠오릅니다. 모임에서 한 친구를 만났는데, 저와 대화가 굉장히 잘 통하는 것 같다고 그러더라고요. 그래서 고민 상담까지 이어졌어요. 흔히 하는 여자친구에 관한 고민이었고요. 헤어져야 하냐 만남을 유지해야 하냐 하는 것 말이죠.

그런데 그 친구가 고민 상담을 할 때마다 서너 시간을 훌쩍 넘어가는 거예요. 그러니 부담스러워지기 시작하더라고요. 그것만으로도 버티기 힘든데 새벽에도 막무가내로 연락이 오더니 언젠가부터는 저한테 화를 내는 겁니다. "너는 자꾸 만나라고 하는데, 책임질 거야?"라고 하면서 말이에요. 저로선 당황스럽고 황당했죠. 일상생활에도 지장이 생겼고요. 고민 상담을 해오니 최선을 다해 답을 한 것뿐이었거든요.

이후에도 계속 내게 어떡해야 하냐고 다그치니 저는 조금씩 부담스러워지기 시작했습니다. 당시의 저로선 이걸 어떻게 해야 할지 몰라 걱정이 되었거든요.

그래서 그를 만날지 말지 스스로 정했으면 좋겠다고 말할 수밖에 없었습니다. 그는 제가 처음에는 관여를 하다가 곧 손을 떼는 것처럼 말하니 실망이 크다고 했죠.

지금에 와서 돌이켜보면 제 잘못이 크죠. 애초에 그렇게까지

다 들어주면서 제가 그에게 영향을 끼치는 사람처럼 굴지 말았어야 했다고 봐요.

그때는 그런 관계 정립에 대해 잘 몰랐기에 선을 지키지 않고 너무 가까이 있지 않았나 싶어요. 서로 뭣 모를 시절이어서 그랬던 것 같습니다.

한석준　　　제가 보기에 인간관계에서 문제가 생겼을 때 본인 탓을 하는 분들이 많이 계신 것 같아요. 그리고 보통 그런 분들이 더 착하신 것 같고요. 그런데 저는 그분들이 왜 본인 탓을 하는지, 또 실제로 본인 탓이긴 한 건지 잘 모르겠습니다.

저의 경우 인간관계를 끊은 경험은 딱히 생각나지 않습니다. 반대로 저와 관계를 끊고 사라진 사람들이 있을 거예요, 알게 모르게 많을지도 모릅니다. 어느 순간 저한테 빈정이 상했을 수도 있고요.

불과 몇 년 전까지만 해도 연락을 자주 주고받았던 친구 하나는 남자인데 아무래도 제 주변에 예쁜 여자가 많을 것 같다고 생각했는지 소개팅 좀 시켜 달라고 조르더라고요. 그런데 제가 딱히 그럴 만한 사람이 없다고 답하니까 막 화를 내고 연락이 갑자기 뚝 끊겨버렸습니다. 제가 잘못한 건 없다고 생각해서 크게 아쉽진 않았지만 그래도 역시 기분이 썩 좋진 않았죠.

최명기　　　　저의 경우 대체로 관계를 끊어내는 쪽이 되는 것 같습니다. 사람을 끊어낸다기보다 모임을 계속 거절해요. 나이가 드니까 모임에 나가기가 싫어집니다. 예를 들어 음식점에 오밀조밀 앉아 이런저런 시답잖은 얘기를 주고받는 걸 생각하면 숨이 막혀올 정도예요.

　모임이라는 게 사람들로 이뤄진 것이지 않습니까. 그렇게 거의 모든 모임을 끊어버리니 자연스레 사람을, 관계를 끊어내게 되는 것 같습니다. 특정인을 끊어내는 거야 굳이 끊어내려 하지 않아도 알아서 멀어지는 것 같고요.

＼ 웬만하면 끊어내야 하는 유형 ／

한석준　　　　예전에는 학교 선생님들이 중고등학교 시절 동창이나 모임이 평생 간다고 말씀하셨어요. 아마도 학교생활의 중요한 일환으로 친구를 잘 사귀고 서로 소중한 줄 알라는 취지였겠지만요. 물론 그게 들어맞아 평생 최고의 인연으로 지속되는 경우도 있고, 그게 또 굉장히 아름답게 보이기도 하죠.

　그런데 그게 보편적인 모습은 아니라고 생각해요. 모든 관계가 모든 사람에게 통용되는 건 아니니까요. 저는 인간관계라는 게 어느 한쪽에게라도 매우 힘들다면 과감히 놔버려도 된다, 아니 놔버려야 한다고 생각합니다. 그러니 애초에 인간관계에 관해 그런 강박적인 생각은 알맞지 않다고 봐요.

이헌주   한석준 아나운서님께서 말씀하셨듯, 손절을 결심한다고 해서 실제로 관계가 끊기는 것도 아니고 반대로 가깝게 지내고 싶다고 해도 마음대로 되는 건 아닌 것 같습니다. 시간이 지나면서 자연스럽게 멀어지기도 하니까요.

그럼에도 불구하고 웬만하면 끊어내야 하는 사람, 멀어지는 게 여러모로 좋은 유형은 있습니다. 바로 '반복적으로 나를 무시하는 사람'입니다. 나를 유독 깔보고 무시하는 게 확실한 사람, 그런 말투나 행동이 반복되는 사람, 모두를 향해서가 아니라 나를 표적 삼아 끊임없이 조롱하는 사람이죠.

이 모든 게 다 해당되는 경우가 실제로 있습니다. 정신건강을 지키기 위해서나 온전한 삶을 영위하기 위해서라도 웬만하면 멀리하는 게 좋습니다. 예를 들면 나를 희생양으로 삼아 장난을 치면서 상황을 재밌게 만들려는 경우도 있고, 자신을 자랑하고 내세우면서 나는 병풍으로 만드는 경우도 있습니다.

최명기   결국 내적 갈등 때문인 것 같습니다. 관계에 대해 고민되는 경우가 있는 거죠. 이를테면 내가 누군가를 싫어한다고 칩시다. 나와 그는 딱히 이해관계도 없어요. 그럼 그냥 안 만나면 되니 쉽습니다. 그런데 몇 가지 상황에선 이 관계를 끊어야 하나 말아야 하나 고민이 돼요.

첫 번째는 상대방이 싫으면서도 좋은 사람인 경우예요. 어떤 사람은 같이 있으면 대체로 재밌는데 가끔 선을 많이 넘어요. 매력이 있는데 힘들 때가 있는 거죠. 그럴 때 어떻게 해야 할지 몰라요.

두 번째는 본인 스스로가 도와주는 걸 좋아하는 사람인 경우예요. 누군가가 도움을 청하면 아무 조건 없이 도와줘요. 그런 분들은 남을 도와주면서 행복하대요. 그런데 어느 순간 피곤해져요. 그럴 때 역시 어떻게 해야 할지 몰라요.

많은 사람이 '이상한 사람은 안 만나면 되잖아'라고 단정 짓고 실행에 옮길 수 있을 것 같다고 생각하기 쉽습니다. 하지만 그렇게 이상한 사람도 막상 나를 끌어당기는 매력이 있으면 만나게 되고 쉽게 끊어내지 못합니다.

한석준　　　　저는 '이래라저래라하는 사람'을 좋아하지 않습니다. 그런데 그런 사람들 중에서 '뭘 해라' 하는 쪽으로 말하면 그래도 괜찮은데 '뭘 하지 마라' 하는 쪽으로 말하면 괜찮지 않아요. 우리는 살면서 항상 뭔가를 시도하지 않습니까.

예를 들면 "이번 기회에 자격증 공부를 해볼까 해."라고 말했다고 치면 "하지 마, 하지 마. 괜히 되지도 않는 자격증 공부했다가 시간만 낭비하고 떨어져서 좌절하면 너만 힘들어." 하는 식으로 답하는 사람이 있더라고요.

저는 매사 그런 식으로 부정적인 사람은 좋아하지 않습니다. 제한을 두는 것도 모자라 자칫 고립시키기까지 할 수도 있겠죠. 그런 사람은 웬만하면 멀리하고 끊어낼 수 있으면 끊어내라고 말하고 싶어요.

웬만하면 끊어내야 하는 유형의
인간관계가 있다

대신 뭐든지 도전해보라는 식으로 말하는 사람을 좋아합니다. 그러다 혹여 잘못될 수도 있지만 뭔가를 시도했다가 잘못되면 항상 복구가 되는 것 같아요. 반면 시도조차 하지 않았다가 잘못되면 복구를 해도 제자리에 머물고 있다는 느낌에서 벗어나기 힘들더라고요.

최명기　　　　저의 경우 '복수심이 강한 사람'인 것 같습니다. 그런 사람은 웬만하면 멀리하던가 끊어내야 한다고 봅니다. 이를테면 부부 사이에 "우린 성격이 너무 달라서 못 살아." "우린 성격이 너무 똑같아서 못 살아."라고들 하잖아요? 아닙니다, 복수심이 강하면 같이 못 살아요.

복수심은 바로 이런 겁니다. 부부가 함께 아기를 키울 때를 생각해봅시다. '내가 기저귀 한 번 갈았는데, 너는 왜 안 갈아?' 하는 생각이 바로 복수심이에요. 내가 한 번 했으니까 너도 똑같이 한 번 해야 하는 거예요. 또 "넌 술 먹고 늦게 들어오는데, 왜 나는 일찍 들어와야 해? 왜 너만 늦게 들어와? 이제 너도 일찍 들어와."라고 말하는 게 복수심입니다.

복수심이란 관용이 없는 겁니다. 복수의 반대가 바로 관용이에요, 용서고요. 용서가 없으면 복수심이 많습니다. 그런데 복수심이 많으면 굉장히 피곤해요. 그냥 넘어가는 게 없죠. 그래서 저는 복수심이 많은 사람은 가급적 피하라고 권하고 싶어요.

유형 1	같이 있으면 죽고 싶은 경우
유형 2	만나면 잠이 안 오는 경우
유형 3	돈을 너무 많이 쓰게 되는 경우
유형 4	만나기만 하면 욕을 먹는 경우

제가 생각하는 인간관계의 한계점은 이렇습니다. 첫째로 '그와 같이 있으면 죽고 싶은가?'예요. 만약 그렇다면 끊어내야죠, 내가 살아야 하니까요. 그런데 많은 사람이 누군가가 죽도록 밉고 같이 있으면 죽을 것 같은데도 어떻게 끊어내야 할까 고민을 거듭해요. 그러다가 내가 죽든 내가 죽이든 끔찍한 일이 생길 수 있습니다.

두 번째로 그와 만나기만 하면 잠이 안 오는 경우예요. 화가 났건 속이 상해서건, 무슨 이유로든 생각하면 할수록 열이 받아요. 그 역시 웬만하면 끊어내야 하는 관계입니다.

또 그와 만나기만 하면 돈을 너무 많이 쓰고 그 때문에 빚이 생기는 경우, 그리고 그 때문에 내가 몇 명한테 욕을 먹는 경우도 있습니다. 모두 관계를 끊어내야 해요.

＼ 반드시 멀리해야 할 유형 ／

이헌주　　　앞서 제가 웬만하면 멀리해야 하는 유형으로 타인을 무시하는 사람을 말씀드렸잖습니까. 그 유형보다 좀 더 상위 버전은 자신은 엄청나게 잘났고 또 대단하다고 자랑하면서 상대를 무시하는 유형입니다. 자신을 띄워주는 한편 상대는 깎아내리는 거죠. 거기에 하나를 더 붙이면 극단적으로 이기적인 유형이 있고요.

　　즉 '잘난 척, 타인 무시, 그리고 이기적' 세 유형이 한꺼번에 발현되는 사람이 최악이라고 생각합니다. 웬만하면 정도가 아니라 반드시 멀리해야 하는 유형이에요. 스스로를 되새기고 성찰하는 사람은 그 유형과 가장 거리가 멀어요. 보통 그런 사람들은 자기 성찰 능력이 굉장히 떨어지죠.

한석준　　　저의 경우 '부정적인 사람'이야말로 반드시 멀리해야 한다고 생각해요. 부정적인 사람은 나로 하여금 더 발전하지 못하게 끌어내려요. 나는 계속 나아가고 싶은데 말이죠. 나아가는 데 조금이라도 방해받는 게 싫습니다.

최명기　　　'파멸로 이끄는 유형'이 있습니다. 예를 들어 외모가 너무나도 아름다워 좋다고 쫓아다니다가 재산을 잃고 나락으로 떨어지는 경우가 있어요. 그런 사람들의 공통점이라고 하면, 한 번 끌리면 벗어나기가 힘들다는 겁니다. 내가 원하는 걸 다 갖고 있기 때문이에요.

이를테면 유학도 가고 좋은 곳에 취직도 해서 멋진 삶을 살고 싶었는데 그렇게 하지 못한 내 앞에 워너비, 이른바 닮고 싶은 사람이 나타나잖아요? 그럼 뒤도 안 돌아보고 그와 어울리게 될 텐데, 얼마 가지 않아 파멸의 길로 들어서고 있어요. 그와 나는 애초에 다른 삶을, 다른 세상을 살고 있으니 어울리지 말았어야 했는데 그러기가 쉽지 않죠.

인생을 살다 보면 나를 파멸로 이끄는 사람을 한두 번 만나게 됩니다. 그럴 땐 모든 게 끝장나기 전에 잘 빠져나와야 해요. 언제든 그런 경우와 맞닥뜨릴 수 있기에 인지하고 있어야 할 것입니다.

＼ 괴로운 관계를 끊어낼 최적의 타이밍 ／

한석준　　　손절 타이밍이라는 건 누구에게나 애매한 것 같습니다. 다 지난 후 나중에 보면 결과적으로 항상 명백해요. "그건 당연한 거지." 하고 말이죠. 그런데 진행되는 동안에는 어느 선에서 결정되느냐가 애매하거든요. 그래서 저는 이렇게 말하고 싶어요, 관계를 끊어내는 데 객관적인 기준은 없다고요.

제가 보기에 관계의 맺고 끊음은 주관적이어야 한다고 생각해요. 내가 끊어내고 싶으면 끊는 거예요, 내가 마음에 안 들면 안 드는 거예요. 세상 사람들이 "그래, 그 정도면 내 말과 행동에 누구라도 동의할 거야." 하는 기준 같은 건 없습니다.

내가 두 번 다시 보기 싫으면 그 자리에서 바로 끊어내도 돼요. 관계에서 오롯이 옳고 그름 따위는 없고 관계를 끊어내는 것에서 나 이외에 모든 이의 지지를 얻고야 말겠다는 생각 같은 건 하지 않았으면 좋겠습니다.

저는 인간관계에 있어서 타인의 생각은 중요하지 않다고 봐요. 오직 내 마음의 평화와 내 인생의 행복이 중요해요. 이를테면 '지금 내가 관계를 끊어내려고 하는 저 사람이 모든 이에게 욕을 먹을 만큼 나쁜 사람이니까 이제 끊어내도 괜찮겠다' 하는 생각은 하지 않아도 된다는 거죠.

좋은 사람과 좋은 사람이 만나 관계를 맺어도 그냥 안 맞아서 끊어낼 수도 있는 겁니다.

이헌주　　　한석준 아나운서님께서 말씀하신 부분에 100% 동의합니다. 그 사람이 진짜 나쁜 사람일 수도 있고, 그 사람은 그럴 의도가 아닌데 내가 오해하는 것일 수도 있으니까요. 사실 굉장히 애매할 수 있단 말이죠.

저를 찾아오는 내담자분들도 그런 말을 많이 합니다. 상대방이 장난으로 그러는 건지, 나를 무시하고 깔봐서 그러는 건지 잘 모르겠다고 말이에요. 또는 나를 이용하려는 건지, 친근함의 표시로 그러는 건지 헷갈린다고 말이에요.

그럴 때마다 제가 말씀드리는 건 주관적인 부분을 들여다보라는 겁니다. 그 때문에 내가 얼마나 불편하고 괴로운지를 차분히 들여다보는 거죠.

만약 너무나도 괴로운 인간관계를 지속하고 있을 때 가장 효과적인 극복 방법은 그 대상과 갈등을 일으키는 것보다 멀리하는 겁니다. 갈등을 일으키면 또 다른 갈등의 씨앗이 싹트고 증폭되면서 더 얽히는 경우가 많기 때문이죠.

그럼 어떻게 멀리할 수 있을까요? 만나는 횟수를 줄인다든지 거리를 두는 표현을 연습해본다든지 하는 것들이 있습니다. 누군가를 멀리하면 자신의 인간관계 그릇에 여유가 생깁니다. 그 그릇에 더 좋은 관계들을 담으면서 좀 더 나은 교유와 상호작용을 갖는 거죠.

최명기　　　　사람은 대개 모든 이에게 사랑받고 싶어 하는 한편 겁도 무지 많습니다. 그래서 누군가 한 명이라도 나를 싫어한다고 생각하면 너무너무 갑갑해요. 그런 성향의 사람들은 아쉬움이 계속 남습니다. 이때 이 사람이 있었으면, 이때 저 사람이 있었으면 하고요.

반면 굉장히 독립적인 사람도 있어요. 사람들과 멀수록 편하죠. 하지만 그들조차 사람과의 관계가 필요할 때가 있습니다. 보통 힘들 때 그렇고요.

그러니까 사람은 굉장히 취약하고 외로울 때일수록 관계를 정리하는 것에 힘이 듭니다. 외로울 때는 곁에 사람이 있어야 하잖아요? 내게 욕을 한다거나 나를 신체적으로 학대하거나 하지 않는다면, 곁에 아무도 없는 것보단 누구라도 있는 게 낫거든요.

＼ 상처받지 않고 관계를 끊는 법 ／

이헌주　　내가 나서서 누군가와 관계를 끊어내려고 마음을 먹으면 역효과가 클 수 있습니다. 예를 들어 상대한테서 전화가 오는데 받지 않으면 문자로 "왜 전화 안 받아?" "지금 찾아간다?" 하면서 협박이 올 수도 있고요. 오히려 더 싸우게 될지도 모릅니다. 관계를 끊어내겠다고 나서는 게 상대 입장에선 공격으로 받아들일 수 있는 측면도 있고요.

그래서 누군가와 손절을 결심했다면, 상대가 눈치채지 못하게 아주 서서히 멀어지는 게 온건하고도 효과적인 방법이라고 생각합니다.

이를테면 그동안에는 내가 상대의 전화를 10번이면 10번 다 받았다면 9번만 받는 거예요. 한 번을 덜 받는 것뿐이라면 "그냥 좀 바빴어."라면서 자연스럽게 넘어갈 수 있겠죠. 우리는 실제로도 무척 바쁘잖아요. "너 때문에 내가 이렇게 하는 거야!"라며 모든 걸 전부 자세히 설명해서 바뀔 사람이었으면 내가 그런 결심까지 하지 않았을 겁니다. 그렇게 알게 모르게 조금씩 멀어지는 게 서로에게 좋은 방법인 것 같습니다.

한석준 저도 이헌주 교수님과 비슷한 생각입니다. 조금 더 보태자면, 친한 친구 사이라서 상대가 계속 만나자고 하거나 연락이 자주 올 수도 있지 않습니까. 그럴 때 굳이 "지금 널 만나고 싶지 않아."라는 식으로 말하기보다 그 친구와 도저히 만날 수 없을 만큼 스케줄을 빽빽하게 잡아두곤 "야, 내가 이번 주에 일이 너무 많아. 다음 주에도 많은 편이고. 보름 후에나 볼 수 있을 것 같은데? 월말쯤은 되어서 말이야."처럼 말하는 게 낫지 않을까 싶어요. 그래서 그 친구로 하여금 내가 피하고 있다는 느낌을 받지 않게 하는 게 좋을 것 같습니다.

이헌주 저를 찾아온 내담자의 사례를 말씀드려볼게요. 대학원생이었는데요, 함께 프로젝트를 하기만 하면 과실을 다 가져가버리는 사람 때문에 힘들어했어요. 이를테면 그는 프로젝트

에서 한 게 거의 없다시피 한데도 다 자기가 했다면서 공을 가로
채는 거죠. 분명히 자기가 한 게 아닌데 마치 자기가 다한 것처럼
말하면서요. 그한테 직접적으로 말하니 모르는 척하면서 미안하
다고만 하고 밥을 사주면서 그냥 넘어가려 했다는 겁니다.

그래서 저는 내담자를 그에게서 멀어지게 하곤 다른 사람과
다른 프로젝트를 하게끔 도움을 드렸어요. 다행히도 다른 곳에는
좀 더 나은 사람이 있었고 좀 더 책임감 있고 서로 신뢰를 주고
받을 수 있는 동료들이 있었습니다. 그 관계의 그릇에서 내담자
는 비로소 자유를 만끽할 수 있었죠.

＼ 최악의 인간관계 마인드 ／

한석준　　　　아끼던 여자 후배가 한 명 있었습니다. 그녀에겐
오래 사귄 남자친구가 있었는데요. 공교롭게 그 남자친구 성격이
좋지 않았어요. 그래서 저를 포함해 주위의 많은 사람이 다른 사
람을 만나보는 게 어떻겠냐는 조언 내지 제안을 했어요. 그래도
그녀는 듣지 않았죠.

시간이 지나 그 친구가 결혼을 하겠다는 얘기가 나올 무렵에
제가 왜 꼭 그여야만 하느냐고 물어봤습니다. 그랬더니 그 친구
가 말하길 "걔는 나 아니면 안 돼."라고 하더라고요. 그래서 제가

"그래, 네 말이 맞을 거야. 그런데 너는 걔 아니면 안 되는 거 아니잖아?"라고 했죠.

그 친구는 제 말이 맞는 건 알겠는데 그래도 그 사람은 나 아니면 안 된다고 하더라고요. 저로선 더 이상 할 말이 없었어요. 그 친구의 축복을 빌어줄 수밖에 없었죠.

얼마 후에 결혼했고 아이도 낳았다는 소식을 들었는데, 지금은 어떻게 살고 있는지 모르겠네요. 제가 보기에는 '나 아니면 안 돼'라는 생각으로 관계를 이어가고 정립하는 건 건강하지 못한 것 같아요.

__이헌주__   그런 경우가 상당히 많습니다. 심리학 용어로 '과대 기능과 과소 기능의 결합'이라고 하는데요.

과대 기능자는 자신의 내적 결핍을 상대적으로 연약한 사람을 과도하게 보살피거나 훨씬 많은 일을 대신해주면서 채우려는 사람을 말합니다. 즉 누군가를 위해 희생함으로써 타인의 인정을 받으려는 거죠.

반면 과소 기능자는 계속해서 문제를 일으키는 사람입니다. 문제를 일으키면 가까운 누군가는 걱정하고 염려하겠죠. 그는 끊임없이 타인의 돌봄을 요구합니다.

과대 기능자와 과소 기능자는 서로 짝입니다. 과대 기능자는 문제를 일으키는 누군가를 돌보려 하고 과소 기능자는 문제를 일으키며 돌봄을 요구하죠. 양극단처럼 보이는 둘은 '자아 분화'가 낮다는 공통점이 있습니다. 그래서 처음에는 한쪽이 돌봄을 제공하고 다른 한쪽이 의존하지만, 결국 서로 심리적으로 갈등을 일으키고 단절까지 일어납니다.

＼ 과연 사람은 바뀔까? ／

최명기   사람은 저절로 바뀔 때가 있는 것 같습니다. 예를 들어 누구를 때리거나 복수심에 불타거나 포악하게 굴잖아요? 맨정신에 그러는 경우는 별로 없습니다. 대체로 술을 마시고 제정신이 아닐 때 그래요. 그런데 무슨 연유로든 술을 끊으면 사람이 달라집니다. 그런가 하면 불안감이 높아 타인한테 못되게 구는 사람도 있는데요. 불안감이 낮아지고 여유로워지잖아요? 그러면 복수심이 있는 사람이라도 발동이 덜합니다.

예를 들면 직장에 팀원들을 아주 못살게 구는 팀장이 있어요. 당연히 그를 두고 굉장히 나쁜 사람이라고 생각하면서 살았는데, 나중에 개인적으로 만나서 얘기를 해보니까 너무나도 좋은 사람인 거예요.

그의 경우 긴장감과 불안감이 상승하면 최악의 인간이 되는 반면 긴장감과 불안감이 완화되면 괜찮은 사람이 되는 거죠.

이헌주　　　　최명기 원장님 말씀에 동의합니다. 불안한 상황이라든지 불안 자체를 줄이면 사람이 한순간에 굉장히 유하게 변하기도 하죠. 기본적으로 10 정도의 화를 내는 사람인데, 스트레스 상황을 낮추고 불안 자체를 조절해주면 절반 이하로 줄일 수 있어요.

　　그리고 요즘 여기저기서 성격이 변할 수 있냐 변할 수 없냐를 두고 논란 또는 논쟁이 자주 불붙지 않습니까. 제 경험상으로 성격은 결코 고정되어 있지 않다고 생각합니다. 나이가 들수록 조금 더 내향적으로 변하는 것 같거든요. 원숙해진다고 할 수도 있을 것 같고요.

　　성격이라는 게 조금씩 변하게 마련입니다. 성격이 바뀌는 요인을 들어보자면 어떤 환경에 있느냐, 어떤 사람을 만나느냐, 어떤 경험을 하느냐, 어떤 역할을 하느냐 등이 있을 것입니다. 그것들이 따로 또 같이 작용하면서 성격이 점진적으로 변할 수 있습니다. 물론 아주 큰 폭으로 바뀌는 건 어렵지만요.

한석준　　　　저도 사람은 변할 수 있다고 봅니다. 저도 사실 많이 변했고요. 제가 보기에 사람은 모두 매일매일 변하고 있어요. 그렇기에 좋은 쪽으로 변하든 나쁜 쪽으로 변하든 본인 책임이고, 그래서 항상 좋은 쪽으로 변하고자 노력해야 한다고 생각합니다.

최명기　　　당연히 사람은 변합니다. 문제는 변하긴 하는데 나쁜 쪽으로도 굉장히 자주 또 큰 폭으로 변한다는 거죠. 그렇다면 사람이 변하기 위해선 어떻게 해야 할까요. 몇 가지 방법이 있을 겁니다.

우선 아주 유치한 것부터 보면, 나쁜 짓 할 때마다 벌금을 내는 거예요. 그럼 보통 바뀝니다. 더 이상 나쁜 짓을 하지 않게 되어 있죠. 예를 들어 부부싸움을 할 때요, 시작한 쪽에 벌금 10만 원을 내게 하는 겁니다. 그럼 대부분 하지 않을 거예요.

내가 누군가한테 나쁜 짓을 하고 있다는 건 나쁜 짓을 하는 타이밍이 있다는 것이고 보통 그 나쁜 짓을 할 때 나를 자극하는 게 있습니다. 바로 그것 자체를 없애버려야 해요.

내가 누군가한테 못되게 군다는 사실을 인지하고 바뀌길 원하면, 우선 만나는 횟수를 줄여야 해요. 그리고 내가 그를 괴롭히지 않을 상황에서만 만나야 하고요. 그리고 이것도 저것도 여의치 않을 땐 당분간 누구라도 만나지 말아야 합니다.

이헌주 교수님이 해답을 주셨어요. 가령 A가 있는데 내가 A를 굉장히 좋아합니다. 그리고 A는 B 때문에 괴로워해요. 그러면 보통 A를 닦달하죠. "빨리 B랑 끝내버려!" 하고 말이에요. 그런데 A가 B를 끊어내지 못하고 있는 거잖아요.

그러니까 A가 B를 끊어내게 하려면 A를 강하게 만들어야 합니다. A를 강하게 하는 건 칭찬하고 그의 얘기를 들어주는 거예요. B를 끊어내지 못하는 걸 비난하지 않고 그의 얘기를 듣고 또 들으면서 "넌 할 수 있을 거야. 언젠가 B를 끊어낼 수 있을 테니 걱정하지 마. 설령 끊어내지 못한다고 해서 네 잘못은 아니야."라는 식으로 얘기를 해줘야 하는 겁니다.

이헌주　　　　영국의 정신분석학자 로널드 페어베언^{Ronald Fairbairn}이 이런 말을 했습니다.

"아무리 나쁜 관계라도 관계가 전혀 없는 것보단 낫다."

그러니까 내가 완전히 외롭게 홀로 되는 것보다 나쁜 관계의 대상이, 이를테면 나와 밥 한 끼 같이 할 수 있는 사람이 한 명이라도 있다는 게 어떤 면에선 훨씬 낫다고 할 수 있다는 거죠.

이런 경우가 많을 것 같습니다. 그가 나한테 정말 많은 해를 입히는 나쁜 사람임에도 불구하고 거의 유일한 친구라서 관계를 차마 끊어내지 못하는 경우 말이죠.

그럴 때 좋은 해결책, 아니 유일한 해결책이 뭐냐 하면 그 사람 말고 다른 사람을 만나는 거예요. 무슨 수를 쓰든지요. 내가 다른 공동체에 들어가지 않으면 그와의 관계를 끊어내는 건 거의 불가능하다고 볼 수 있겠습니다.

예를 들어볼게요. 내가 우주를 지키는 어벤져스 멤버예요. 그

　　　　　　　　　　　　　　지식인사이드: 인간관계 편

런데 어떤 멤버 하나가 나를 보고도 본체만체하고 지나가버려요. 그럴 때 "야, 너 나 보고도 아는 척도 안 해."라고 말할 수 있는 용기를 가진 사람은 굉장히 드뭅니다. 설령 내가 슈퍼 파워를 가진 어벤져스 멤버여도 그렇죠.

그럼 어떻게 하면 좋을까요? 다른 멤버들과 서로 지지하고 보호해주는 공동체적인 관계에 소속되는 거예요. 그런 관계가 나를 지탱해줘야 나를 무시한 그 멤버에게 "야, 너 나 보고도 아는 척도 안 해."라고 말할 수 있는 용기가 생긴다는 거죠.

나를 지지하는 사람이 있어야 내가 좀 더 현명한 결정을 할 수 있고 나쁜 관계를 끊어버리는 용기를 낼 수 있는 겁니다. '안전 기지'를 구축하는 게 매우 중요하다고 생각합니다.

＼ 두 발로 똑바로 서 있는 사람 ／

한석준 인디언 속담 중에 '자신의 두 발로 똑바로 서라'는 속담이 있습니다. 자립한다는 의미를 담고 있죠. 제가 참 좋아하는 속담이에요. 유독 당당하고 또 단단해 보이는 사람이 있지 않습니까?

이를테면 스스로를 보호하고 책임질 수 있으면서 타인에게 무해한 관심을 보이며 또 타인을 보살필 수 있는 사람 말이죠. 그

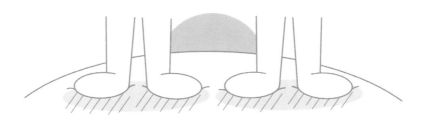

각자 두 발로 단단히 선
관계를 유지해야 한다

자체로 완벽에 가까운 것 같습니다. 저는 그렇게 두 발로 서는 사람들끼리의 관계가 가장 건전하다고 생각해요. 물론 그렇지 못한 사람도 많을 테니 그들에겐 자격이 없다고 생각하진 않습니다.

그래도 그렇게 온전히 자신의 두 발로 건전하게 서 있는 사람을 봤을 때 그에게서 느껴지는 인간적인 매력이 크게 다가와요. 너무 멋있고 나도 그렇게 내 두 발로 똑바로 서고 싶더라고요. 제가 그 사람처럼 보이고 싶기도 하고요.

그러니 누군가를 봤을 때 '두 발로 똑바로 서 있다면' 놓치지 말고 다가가 꼭 친해지라고 말씀드리고 싶어요. 배울 점이 많을 거라고 생각합니다.

＼ 나를 스스로 보호하려면 ／

이헌주 　　　나를 지지하는 공동체, 안전 기지를 구축하기 어렵다면 스스로 보호해야죠. 이를테면 직장에서 그런 일이 있다고 쳐봅니다.

직장도 하나의 공동체라고 했을 때 비슷비슷한 사람들만 있을 테니, 또 다른 공동체를 구축하기가 어려운 경우도 있을 거라 생각합니다.

그때 저는 이렇게 제언하기도 합니다. 예를 들어 그런 분이 있습니다, 회사랑 집만 오가는 분이요. 일상의 폭이나 인간관계의 폭이 굉장히 작죠. 그래서 그의 취미가 무엇인지 또 좋아하는 활동이 무엇인지 탐색하고 인지하게끔 한 다음 관련된 활동을 하는 동호회나 공동체에 조금씩 스며들게 했어요.

그 안에선 아무래도 나와 교집합이 있으면서 대화가 잘 통하는 사람을 만날 수 있는 확률이 높겠죠. 그래서 그 확률의 지점들을 여러 개 두니, 본래 자기 얘기를 잘 못하고 소심하면서 결단력도 좀 떨어졌는데 조금씩 자기 주장 정도는 할 수 있는 힘이 생기더군요.

즉 그곳에선 어찌하기 힘든 상황이었을 때 다른 곳으로 눈을 돌릴 필요가 있겠습니다.

한석준   제가 한 가지만 보태자면, 그런 활동을 한두 번만
해서 바로 나와 맞는 사람을 찾을 거라는 기대를 하지 않았으면
좋겠습니다. 그럴 확률이 별로 높지 않거든요. 그래도 그런 활동
을 계속 해나가면서 활동 반경도 넓혀 가고 사람 만나는 폭을 넓
혀 가다 보면, 분명히 그동안 만나본 적 없는 유형의 사람을 만날
수 있을 겁니다. 그는 나와 아주 가까운 친구가 될 수도 있을 것
이고요.

최명기   회사의 경우를 예로 들어볼게요. 누군가 때문에,
너무 무례하게 굴어 괴로워 회사를 그만둬야 할 판이에요. 참고

너무 고통스럽다면 한 번쯤
'No'를 외칠 필요가 있다

버틴다고 해도 그만둘 수밖에 없을 것 같아요. 그럴 땐 **한 번쯤 참지 않고 '대항'해보는 겁니다. 어떻게 되나 테스트를 해보는 거죠.**

이를테면 나를 괴롭히는 무례한 사람의 부탁을 한 번 들어주곤 일부러 사소한 거라도 그에게 부탁을 해보는 거예요. 만약 그가 부탁을 들어준다면 어느 정도 참아줄 수도 있겠지만 부탁을 들어주지 않는다면 다음부턴 그의 부탁을 들어줄 필요가 없겠죠. 그런 사람이라면 앞으로도 계속 그의 부탁을 들어주더라고 그는 나의 부탁을 들어주지 않을 겁니다.

그랬을 때 혹시 그가 난리를 치거나 짜증, 보복 등이 있을 게 두렵다고 해도 100%는 아니지만 뒤따를 고통은 100% 확실해요. 그러니 테스트해볼 가치는 충분하죠. 무엇보다 나를 지키고 보호하기 위해서요.

인간관계 Key Point

🔑 나를 지지하는 공동체, '안전 기지'를 확보해야 한다
🔑 '자신의 두 발로 똑바로 서는' 사람을 곁에 두세요
🔑 무조건 참기보다 유연하고 현명하게 '대응'해보세요

화목한 '가족 관계'를 맺는
6가지 비결

영국의 심리학자이자 정신과 의사 존 볼비$^{John\ Bowlby}$는 1950년 대 말 '애착 이론'을 창시했습니다. 장기적 인간관계의 근본 원인을 설명하는 이론으로, 영아의 발달 사례에서 시작해 어른의 사례로 확대되었는데요. 안정형, 불안형, 회피형으로 나뉩니다. 안정형은 자기긍정과 타인긍정 유형으로, 자신의 감정을 솔직하게 표현하고 상대의 관심과 사랑을 자연스럽게 받아들이죠. 자신과 타인을 동등하게 대하는 편이고요. 한편 불안형은 자기부정과 타인긍정 유형, 회피형은 자기긍정과 타인부정 유형입니다. 불안형과 회피형의 불협화음이 힘겨운 관계를 만들 테고요. 안정형이야말로 화목한 가족 관계를 맺는 비결의 큰 축이지 않을까 싶습니다.

╲ 가족 간의 적당한 거리 ╱

이현주　　　　'가족'이라는 게 주로 부부를 중심으로 한 친족 관계에 있는 사람들의 집단 또는 그 구성원을 뜻하지 않습니까. 그래서 당연히 누구보다 서로를 이해해주고 챙겨주며 가까운 사이여야 할 것 같죠. 그런데 오히려 너무 가까워서 힘든 부분도 많습니다. 그런 면에서 가족 간의 적당한 거리를 논할 때 교과서적인 답은 없는 것 같습니다. 관계의 거리를 얼마큼 두느냐는 내가 주관적으로 느끼는 바가 중요할 텐데요.

이를테면 가족과 있을 때 통제받는 것 같은 기분이 들거나 자율성이 침해받는 것 같거나 너무 답답하고 숨이 잘 쉬어지지 않는다면 거리를 둬야겠죠. 그런가 하면 혼자 있을 때 따뜻한 온기가 필요한데 가족이 보고 싶으면 거리를 좁히는 거죠.

'관계의 온도'라고 명명하고 싶어요. 너무 힘들다고 느끼면 거리를 두고 사랑이 필요하다고 느끼면 거리를 좁히는 겁니다.

최명기　　　　제가 생각하는 가족 간의 적절한 거리는 이렇습니다. 일정한 모습이 아니라 구불구불한 모습이에요. 정말 행복한 가정을 들여다보면 규칙이 없어요. 가족 구성원이 알아서 제 할 일을 하는 거죠. 그런데 행복하지 않은 가정을 들여다보면 규칙이 자꾸 생깁니다. 규칙이 있고 규칙을 어기면 서로 처벌하려 들고 싸우기도 하죠.

　그래서 제가 생각하기에 이럴 때도 있고 저럴 때도 있고 또 이럴 때 다르고 저럴 때 다른 게 행복한 가정의 모습이에요. 항상 같은 거리를 유지해야 하는 게 아니라 상대에 따라 또 상황에 따라 바뀔 수 있다는, 즉 융통성이 있어야 한다는 겁니다.

한석준　　　행복하지 않은 가정을 들여다보면 우리 가족은 나를 너무 무시한다든지 대화가 안 통한다든지 아무도 나랑 대화하려 하지 않는다든지 여러 가지 말이 나오지 않습니까.

　부모는 부모대로 아이가 무시한다고 생각하고 아이는 아이대로 부모가 무시한다고 생각하죠. 그렇게 서로 무시하는 관계라면 편해야 하잖아요? 서로 안 보면 되니까요.

　그런데 가족은 편하지 않고 불편해요. 저는 그 이유가 '가족 사이라면 응당 이래야 한다'라는 당위성 때문이라고 생각해요. 부모라면 자식한테 이렇게 해야지 또는 자식이라면 부모한테 이렇게 해야지 하고 당연하게 생각하는 거죠.

　그런데 생각해보면 세상에 당연한 건 없지 않습니까. 예를 들어 남편이 아내한테 "결혼했는데 어떻게 아내가 남편한테 이따위로 대할 수가 있나?"라고 말한다고 해봐요. 사실 아내가 여자친구였던 시절 그녀의 사랑을 받기 위해 엄청나게 노력을 했죠. 그런데 왜 결혼을 했다는 이유만으로 내가 노력을 하지 않아도

정원을 가꾸듯
가족도 매일매일 신경 쓰고 관리해야 한다

그녀가 나를 사랑해야 한다고 생각하나요? 결혼해서 한 가정을 이룬 것과 상관없이 노력을 해야 하지 않겠습니까.

누군가 가정은 정원이라고 말했습니다. 정원은 이틀만 손을 안 보면 잡초가 무수히 자라죠. 그러니 매일매일 쉼 없이 신경 쓰고 관리를 해야 해요.

가족 역시 매일매일 쉼 없이 신경 쓰고 관리를 해야 하는데,

그걸 하지 않으면서 '가족은 당연히 내게 사랑을 줄 거야' '나는 가족에게 합당한 대우를 받아야 할 존재야' '우리 가족에는 당연히 평화가 있을 거야'라고 생각한다는 거예요. 그런데 그런 생각 자체, 개념 자체를 바꿔야겠습니다.

＼ 가족 간의 의사소통이 힘든 이유 ／

이헌주　　　가족이란 게 만만치 않습니다. 의사소통이 가장 안 되는 게 가족이거든요, 참 힘들죠. '정서 중심 부부치료'라는 게 있어요. 불화하는 부부가 정서적인 소통으로 친밀감을 높여 안정되게 결합할 수 있도록 도와주는 상담 치료 기법입니다.

　가족을 이룬 부부가 서로 그냥저냥 선택해 만났을 거라고 생각하기 쉬운데, 연구를 통해 알아보니 어렸을 때 이성 부모에게서 채워지지 않은 정서적 결핍을 배우자에게서 채우려는 태도가 강하게 작용했다는 거죠.

　예를 들어보면요. 남편과 아내가 싸웁니다. 아내가 이렇게 말해요. "당신 분명히 9시까지 들어온다고 했잖아? 그런데 또 술 먹고 늦게 들어오네. 당신 같은 사람 진짜 답이 없다, 답이 없어."라고 말이죠. 그에 남편이 아내 눈도 마주치지 않고 방으로 들어가 버려요. 그 말에는 해결되지 않고 또 충족되지 않은 욕구들이 숨어 있습니다.

이를테면 "당신 같은 사람은 진짜 답이 없다"라고 하는 건, 조금 더 돌봄 받고 싶고 조금 더 사랑받고 싶고 함께하고 싶은 욕구가 채워지지 않으니 외로움에 사무쳐 있는 와중에 갈등의 방식으로 터져버린 거죠.

남편이 아내 눈도 마주치지 않고 자리를 피해버린 건, 아내의 잔소리와 비난이 어린 시절 매일같이 듣던 엄마의 잔소리와 겹치면서 통제되고 있는 듯한 느낌을 강하게 받아서죠.

이런 이슈들이 복합적으로 섞이며 밖으로 가감 없이 드러나니 가족 내에서 다양한 문제들이 양산되는 겁니다.

최명기 '대화 중독증'이라는 말이 있습니다. 대화의 장이 열리면 대화 중독증인 사람이 항상 이겨요. 끝날 때까지 대화를 멈추지 않기 때문이죠. 그러니 대화에선 대화 중독증인 사람이 무조건 유리해요. 대화만 했다 하면 지는 사람들은 대화를 피해야 하고요. 그런 패턴을 두고 뭐라고 하느냐면 '추격자와 도망자'라고 해요. 대화 중독증인 사람들이 대화하려고 쫓아가면 다른 한쪽은 대화를 피하려고 도망가요.

그래서 부부 사이가 좋지 않은 경우 서로 피하면 되지 않겠냐고 하기 쉬운데 피할 수 없죠. 피하려고 하면 붙들고 말하거든요. 그런 면에서 추격자와 도망자는 비극인데요, 더 빨리 더 강하게

첫 번째 경우	대화 중독증 vs. 대화 중독증
두 번째 경우	대화 중독증 vs. 함구증
세 번째 경우	함구증 vs. 함구증

더 많이 추격하려 할수록 더 빨리 더 강하게 더 많이 달아납니다.

대화 중독증끼리 대화를 하는 경우에도 문제입니다. 이 관계는 절대로 멈추지 않아요. 그래도 서로 얘기를 잘 들어주는데, 결국 내가 이기기 위해서 또는 내가 말을 하기 위해서 상대의 얘기를 듣는 거예요. 그렇게 끝없이 이어지죠. 그러면 어떻게 대화가 멈추냐 하면 졸려서 자는 겁니다. 그때 비로소 대화가 멈춰요.

그런가 하면 함구증끼리 있는 경우에도 문제입니다. 둘 다 말을 잘 안 해요. 다행히 둘 다 착하면 괜찮아요. 관계가 대체로 잘 유지됩니다. 그런데 만약 부부가 둘 다 말을 안 할 뿐이지 둘 다 상대를 향한 복수심이 가득 차 있다면 싸우지도 않고 이혼해버려요. 이런 결혼 생활이 도대체 무슨 의미인지 모르겠다는 거죠.

결국 대화 중독증과 대화 중독증이 만나도, 대화 중독증과 함구증이 만나도, 함구증과 함구증이 만나도 관계는 틀어질 수 있다는 겁니다. 어떤 특성을 가졌는지가 중요한 게 아니라, 어떤 특성을 가졌는지 상관없이 관계라는 게 기본적으로 틀어질 수 있다는 걸 인지하는 게 중요하다는 겁니다.

한석준   저의 경우를 말씀드리자면요. 예전의 저는 대화 중 독증에 가까웠던 것 같아요. 이를테면 어떤 일에 대해 끝까지 얘기를 하려고 했고, 혹시 기분 나쁜 일이 생기면 진짜 끝까지 물고 늘어지는 스타일이었습니다. "전체적인 건 모르겠고 그 부분에선 당신이 잘못한 거 아니냐, 인정해라."라는 식으로 몰아붙이곤 했죠.

나이를 먹으면서 조금 바뀐 것 같아요. 끝까지 물고 늘어지면서 몰아붙여 상대의 인정을 받아내는 게 뭐 그리 중요한 건지 모르겠더라고요. 내가 옳고 네가 옳지 않다는 걸 꼭 증명하는 게 우리 가족에게 중요할까, 우리가 서로 따뜻한 말을 주고받으면서 좋은 에너지를 공유하는 공간을 만들어가는 게 중요할까에 생각이 미치면서 후자로 추가 기울었습니다.

하여 비록 제가 옳다, 그르다를 규명하는 걸 지상과제처럼 제일로 생각함에도 불구하고 이 가정을 꾸려갈 때는 중요한 게 아니라는 걸 깨달았죠. 그보다 훨씬 더 중요한 게 있다는 걸 깨달았고요.

처음부터 순탄하진 않았습니다. 처음에는 제가 참고 가족을 위해 희생한다고 생각했거든요. 그런데 참는다거나 희생한다는 개념이 아니라 더 높고 중요한 가치가 있는 거예요. 우리 가족에 있어선 내가 옳다, 그르다를 규명하고 인정받고 싶은 마음 자체가 중요하지 않은 거죠.

물론 여전히 저는 그런 마음을 갖고 있고요, 개인적으로 중요하게 생각하고 있습니다. 하지만 가족에 있어선 그런 마음을 고집하지 않아요, 더 높고 중요한 가치를 훼손하면 안 되니까요. 자칫 가정이 깨질 수 있으니까요.

＼ 희생과 착취, 인내에 대하여 ／

최명기　　　　저는 희생과 착취는 한 끗 차이라고 생각합니다. 이를테면 내가 착하다는 이유로 매일같이 양보하고 참고 있어요. 그때 '다른 사람은 할 수 없는 나만의 능력이구나!' 하고 인지하고 감수해요. 그러면 희생이 되는 거예요.

한편 내게는 굉장한 인내력이 있어요. '이 가정은 내가 아니면 무너지니 내가 참아야 해!' 하고 생각하죠. 그런데 그게 나의 놀라운 능력이라는 걸 나는 몰라요. 그러면 착취가 되는 겁니다.

그런가 하면 내가 참고 인내하고 가족을 보듬는 게 나의 엄청난 능력이라는 걸 스스로 깨닫고는 모든 고난을 이겨내면 내 자존감이 훌쩍 올라갑니다.

그때 생각하죠. '내가 참고 인내하며 가족을 보듬는 만큼 내가 가족을 사랑하는구나' 하고 말이에요. 더 이상 희생하거나 착취당하는 게 아니라 내 가치가 점점 올라가는 겁니다.

한석준   저는 이렇게 생각해요. 나름 잘살고 있다는 부부들 중에서 스스로 자기가 더 희생하고 있다고 생각하는 사람이 많을까요, 자기가 더 이익을 보고 있다고 생각하는 사람이 많을까요? 잘은 모르지만 아마도 상당히 많은 분이 자기가 더 희생하고 있다고 생각할 겁니다. 80% 이상이 우리 가족의 화목을 위해 내가 더 희생하면서 참고 인내하고 있다고 생각할 겁니다.

그런데 그분들의 배우자에게 물어보면 아마도 비슷하게 얘기

부부 사이에선 자기가 더 희생하면서 인내한다고
생각하는 순간이 공평한 순간이다

할 거예요. 그래서 제가 볼 때 자기가 더 희생하면서 참고 인내하고 있다고 생각하는 순간이 공평한 순간입니다.

＼ 다툼 많은 가족 vs. 무관심한 가족 ／

최명기　　　　다툼이 많은 가족과 서로 무관심한 가족 중 어느 가족이 더 나은가 혹은 나쁜가 할 때 지극히 개인적 선호도로 나뉠 것 같습니다.

저는 무관심한 것보다 다툼이 많은 게 더 좋지 않다고 봅니다. 서로 무관심하면 최소한 더 이상 멀어지진 않아요. 그런데 싸우면 싸울 때마다 더 멀어지죠. 싸우면서 친해진다는 말이 있는데 그건 문자 그대로 싸우면서 친해지는 게 아니라 한쪽만 착해도 마치 싸우곤 친해지는 것처럼 보이는 거예요.

저는 기쁨이 생기는 것보다 고통이 없는 쪽을 선택하는 편이에요. 그래서 고통을 수반하는 싸움을 싫어하죠. 물론 무관심도 고통이긴 한데, 싸움의 고통이 칼로 찌르는 듯한 고통이라면 무관심의 고통은 상대적으로 둔한 고통이라고 봅니다.

이것도 나쁘고 저것도 나쁘다면 저는 더 나쁜 쪽을 피하고 덜 나쁜 쪽을 택하겠습니다. 하여 저는 차라리 무관심이 다툼보다 낫다고 생각합니다.

이헌주　　　　건강하지 못한 가족체계 중에 '폐쇄형 가족'이라는 게 있습니다. 가족이 잘 뭉쳐요. 예를 들어 '아침 식사는 모두 나와서 같이 해야 해' '명절에는 모두 모여야 해' 하는 식으로 룰을 정해 무조건 다 모여야 하는 거죠. 그렇게 다 모이면 행복할까요? 아니요, 한데 모여 엄청 싸웁니다. 서로 시샘하고 질투하고 비교하고 비난해요. 그렇게 헤어지고 다시 모이길 반복합니다.

　　폐쇄형 가족의 경우 무관심한 가족이라기보다 다툼이 많은 가족에 가까울 텐데요, 모든 걸 함께하려는 가족일수록 다툼이 많아질 여지가 크죠. 결코 좋은 모습은 아니라고 생각해요.

＼ 자녀에게 다가갈수록 멀어지는 이유 ／

최명기　　　　부모 된 입장에서 자녀에게 더 다가가고 싶은 건 당연할 겁니다. 하지만 그럴수록 자녀는 더 멀어지죠. 그건 부모가 정작 자신은 모르지만 자녀가 싫어하는 일을 하기 때문입니다. 함께 살고 있으니까 자녀가 그러려니 하고 넘어갔을 뿐이죠.

　　그런데 결혼하고 따로 떨어져 사니까 너무 좋은 거예요. 그럴 때 부모는 떨어진 자녀와 가까워지려고 노력하는 게 아니라 자녀가 싫어하는 걸 하지 않아야 하는데, 정작 부모는 자신이 생각하기에 자녀가 좋아할 거라는 걸 해주면서 가까워지려고만 하지 자녀가 싫어하는 게 뭔지는 생각조차 하지 않습니다.

예를 들어보면요. 부모가 생각하길 아들과 가까워지려고 집 하나를 장만해주려 해요. 그런데 아들은 엄마가 아내를 시원찮게 대해서 힘들어해요. 그러니 아들이 원하는 건 집이 아니라 엄마와 아내가 사이좋게 지내는 거예요.

그런데 엄마는 아들과 가까워지려고 집을 장만해준다면서 정작 아내를 힘들게 해요. 그러면서 자기는 잘해줬다고 생각하죠. 그런 한편 아내를 힘들게 하는 부분에 대해선 "걔가 너한테 잘 못하니까, 내가 너한테 잘하는 모습 보여주면서 잘하라고 행동으로 보여주고 있는 거야. 다 너 좋으라고, 너를 위해서 그러는데 말이야."라고 합리화해요. 결국 자녀가 싫어하는 걸 하지 말아야 하는데 계속하니까 점점 더 멀어지는 거죠.

물론 부모는 자녀가 싫어하는 걸 할 때가 있고 좋아하는 걸 할 때가 있지 않습니까. 하지만 여기서 굉장히 슬픈 게 있습니다. 예전에는 부모님이 나한테 싫어하는 걸 하면 나는 부모님을 싫어했어요. 그런데 시간이 지나면 복구가 되죠.

그런데 부모님이 나한테 싫어하는 걸 계속하면, 시간이 지나도 복구가 되지 않아요. 그렇게 되면 부모님이 나한테 아무것도 하지 않거나 내가 좋아하는 걸 한다고 해도, 부모님이 나한테 계속 싫어하는 걸 할 때가 생각나서 멀어져요.

부모님이 눈에 띄어도 멀어지고 부모님이 연락을 해도 멀어져요. 부모는 멀어질까 봐 계속 가까워지려고 노력하고요, 자녀는 예전에도 이러다가 뒤끝이 좋지 않았다고 생각하면서 웬만하면 멀어지려 노력해요.

한석준　　　최명기 원장님의 사례처럼 부모와 자녀가 서로 멀어지면 많은 부모가 '얘가 싫어하는 일을 했나?' 하고 스스로를 돌아보며 반성을 하기보다 '얘가 배우자를 잘못 만난 것 같아' '결혼하더니 변했어' '아주 나쁜 자식이 되어버렸어' 하는 식으로 생각합니다.

　　자녀의 입장에선 부모가 스스로를 돌아보며 반성하고 그에 관한 얘기를 하고 싶다는 식으로 말하면 그 자체로 그동안의 미움이 많이 사그라들 것 같네요.

　　앞뒤 없이 무조건 가까이 다가가려는 게 아니라 서로의 거리를 상정하고 관계를 돌아보려 한다는 노력이 보이니까요.

최명기　　　생각해보면 부모가 자녀한테 또 가족 사이에 미안하다고 말하는 게 참 어려운 것 같아요. 그래서 부모는 자녀한테 미안함의 표시로 차를 뽑아준다든지 집을 해준다든지 하는 경우가 있는데, 그럼 또 꼬이기 시작하는 거죠. 자녀가 원하는 건 그게 아닌데 부모는 미안함을 충분히 표현했다고 생각하니까요.

＼ 틀어진 가족 관계의 책임 ／

최명기　　　　틀어진 가족의 책임이 누구에게 있을까 생각해보면요. 부모가 자녀를 만들 듯 자녀 또한 부모를 만듭니다.

예를 들어 부모가 아이에게 다 챙겨줘요. 주위에서 말하길 "그렇게 다 챙겨주니까 아이가 그러는 거죠."라고 해요. 그런데 챙겨주지 않으면 아이는 준비물 하나도 제대로 챙기지 못해요. 그리고 아이가 엄마한테 "맨날 왜 그렇게 잔소리야!"라고 하는 경우도 있는데 엄마가 챙겨주지 않으면 진도가 나가질 않아요.

자녀가 둘인 가정을 몇몇 비교해보죠. 부모가 포악하면 두 자녀한테 다 못살게 굴어요. 그건 부모에게 잘못이 있다고 할 수 있겠죠. 그런데 자녀 중 하나는 엄청 얌전한데 다른 하나는 맨날 밖에서 문제가 생겨요.

그래서 부모는 문제를 가져오는 아이를 야단칠 수밖에 없어요. 그 아이는 살아가며 생각하겠죠. "나는 매일같이 엄마 아빠한테 야단만 맞고 사랑을 받지 못해 이렇게 큰 거야."라고 말이에요. 들여다보면 부모에게 잘못이 있다고 하기 힘든 부분이 있죠.

자녀가 문제시되면 보통 부모를 탓하는데요. 착한 자녀였으면 좋은 부모가 될 수 있을 텐데 여러 가지로 너무 힘든 자녀라서 나쁜 부모가 되는 경우도 가능하다는 겁니다.

하여 부모가 자녀를 만들 듯 자녀 또한 부모를 만들 수 있다는 거예요. 자녀 또한 자율성이 있기 때문에 오롯이 부모의 책임으로만 돌릴 수 없다는 거죠.

＼ 사춘기 자녀와의 대화법 ／

이헌주　　　적어도 사춘기 자녀에게 하지 말아야 할 말이 있습니다. "네가 알아서 돈 벌어 나가 살아." 같은 말인데요. 아이가 발달 단계에서 반드시 이뤄야 하는 과업이 뭐냐 하면 '심리적 독립'입니다.

　경제적 독립이 아니라 심리적 독립을 해야 하는 단계에 있는데, 그때 아이를 위축시켜선 부모에게 매이게 만들면 굉장히 의존적으로 자랄 수 있습니다. 그래서 작은 것도 계속 물어보고 결국 부모에게 통제당하는 경우가 많죠.

　예를 들어 대단하고 훌륭한 아버지가 있어요. 사춘기에 들어섰을 때 아이도 자신만의 영역을 만들어야 하기에, 아버지가 딱히 잘못한 것도 아니고 아버지가 못된 것도 아닌데 아버지에게 들이받는 경우도 있습니다.

　"아빠, 그만 하세요! 제 인생에서 손 떼요!" 하면서 말이죠. 그때 아버지가 "뭐? 감히 아빠한테!" 하는 식으로 아이를 휘어잡고 위축시키면 아이에게 독이 된다는 겁니다.

아이를 위해선 아버지가 확 무너져야 한다는 거예요. 한 번쯤 아버지가 무너져야 아이로 하여금 자신만의 영역, 세계를 만들 수 있고 나아가 아버지의 세계 또한 새롭게 정립된다는 거죠. 이후 아버지와 아이의 세계는 따로 또 같이 나아갈 수 있을 겁니다.

한석준　　　　영화 〈죽은 시인의 사회〉가 떠오릅니다. 극 중에서 성격도 좋고 공부도 잘하는 닐 페리가 아버지 몰래 연극부에 들어가 주요 배역을 따내는데, 결국 아버지한테 들켜서 호되게 혼나고 말죠. 그때 존 키팅 선생님한테 상담을 받고 힘을 얻어 연극 무대에 서기로 결심해요. 하지만 아버지한테 허락을 받지 않은 상태였죠.

공연을 마치고 모두 그의 연기에 호평을 보내지만 이내 아버지한테 끌려가고 유년사관학교에 강제 전학 가는 신세가 됩니다. 닐은 굴하지 않고 연극이 인생의 전부라며 아버지를 설득해보려 하지만 무시당해요.

결국 닐은 아버지에게서 벗어날 수 없다는 절망감에 빠져 스스로 목숨을 끊고 말죠. 그런데 닐의 아버지는 자신의 잘못을 뒤늦게나마 뉘우치고 대성통곡을 하진 못할망정 자신은 잘못한 게 없다며 키팅 선생님을 탓해요. '최악의 아버지상이구나' 하고 생각하지 않을 수 없더군요.

지식인사이드: 인간관계 편

최명기　　　이런 생각을 해봅니다. 아이가 학교에 들어가면서부터 이미 어른이 회사를 다니는 것과 다를 바 없어지는 것 같아요. 성적을 잘 받으면 인정해주고 성적을 못 받으면 인정을 안 해주니까요. 그러다 보면 자녀도 자기에게 많은 걸 해주는 부모는 인정하고 해주는 게 많지 않으면 인정하지 않아요.

그러니 사춘기 때 부모한테 "나한테 해준 게 뭐가 있는데?"라는 식으로 말하는 아이들이 있는 거죠. 말이 안 되는 말인 것 같지만, 들여다보면 부모와 아이가 쌍방으로 똑같이 대할 뿐이라는 겁니다.

그래서 제가 생각하기에 아이가 사춘기 때 부모와 자녀가 사이좋게 지내려면 공부, 숙제, 대학 얘기만 안 하면 돼요.

물론 반대의 경우가 있을 수 있을 겁니다. 부모가 아이한테 공부, 숙제, 대학에 대해 아무런 말도 하지 않아서 나중에 오히려 아이가 부모한테 원망의 시선을 보내는 경우 말이죠. 이런 경우가 있을 겁니다.

예를 들어 연예인이 되고 싶으면 학원에 다녀야 하지 않습니까. 그때 학원에 안 보내줬다고 부모를 원망하는 경우를 많이 보죠. 그리고 또 유학 가고 싶은데 유학 보내주지 않아서 이렇게 되었다고 부모를 원망하는 경우도 많이 봤고요.

그런가 하면 공부를 잘하고 싶어서 학원에 다니고 싶은데 안보내줘서 부모를 원망하는 경우도 있습니다. 부모가 독특한 교육

철학을 가져 아이를 학원에 보내지 않는 걸 자랑스러워하는 경우가 있겠고요. 가정 형편이 어려워 학원을 보내지 못하는 경우도 있을 거예요.

\ 부모와 자녀의 올바른 관계란 /

최명기 **아이의 뜻이 공부가 아닌 다른 데 있다면 부모가 아이의 뜻을 막을 권리는 없다고 생각합니다.** 그런 한편 부모가 아이에게 모든 걸 다 해줄 의무도 없겠고요. 저는 그게 부모와 자식의 정석적인 관계, 제대로 된 관계라고 생각해요. 그 사이를 왔다 갔다 하는 거죠.

이현주 제 생각으로는 극단적인 건 좋지 않다고 봅니다. 너무 규율을 따져 아이를 밀어붙이는 것도 좋지 않다고 보고, 아이에게 마음대로 하라고 너무 풀어주는 것도 좋지 않다고 봐요.
학령기 때 중요한 발달 과업 중 하나가 '성실성'입니다. 이를테면 공부를 하기 싫어하지만 그럼에도 불구하고 버텨서 성취를 얻어내는 성실성이야말로 그 나이 때 반드시 해야 하는 과업인 거죠. 그럴 때 부모의 훈육이 최소한 이상으로 필요합니다. 아이는 미성년이지 성년이 아니니까요.

다만 제가 생각하는 문제점이 뭐냐 하면, 아이가 공부를 잘하는 것도 재능이고 운동을 잘하거나 미술, 음악을 잘하는 것도 다 재능이란 말이에요. 싹이 보이면 부모가 좀 더 개입할 수 있을 것이고 아이는 재능을 꽃피울 수 있는 가능성이 더 커질 겁니다.

하여 부모는 아이가 좋아하는 게 무엇이고 또 잘하는 게 무엇인지 아는 조망 수용 능력이 필요해요. 하지만 조망 수용 능력이 높아도 정작 자신의 아이에겐 발휘하기 힘들죠. 자신과 아이가 분리되지 않고 또 기대치가 너무 높아 아이를 있는 그대로 보지 못하는 경우가 많거든요.

사랑으로 아이를 낳고는 아이가 걸음마만 해도 좋아서 어쩔 줄 몰라요. 그리고 "엄마." "아빠." 하고 말하기 시작하면 또 좋아서 어쩔 줄 몰라요. 그때 "야, 너는 왜 그렇게 제대로 못 서니? 제대로 서서 걸어봐!" "야, 너는 말을 왜 그렇게밖에 못해? 정확하게 말해야지!" 하는 부모가 어딨겠습니까.

그런데 5, 6살이 되면서 갑자기 이런 생각이 들기 시작합니다. '우리 아이가 영재인가?' 하고 말이에요. 이후 아이에게 뭔가를 부과하기 시작하죠. 자신이 어렸을 때 충족하지 못했던 걸 아이에게 부과하고 아이가 성취하게끔 하여 대리 충족, 대리 만족으로 나아가는 경우가 상당히 많습니다. 비극의 전조라고 봐도 틀리지 않을 겁니다.

한석준　　이헌주 교수님께서 말씀하신 그 광경을 정확히 목격한 적이 있습니다. 주말이면 아이랑 놀이터에 가곤 하는데, 아이가 7살임에도 아직 그네를 혼자 못 타서 제가 밀어주죠.

옆에선 5살 정도 되는 남자아이가 혼자 그네를 타는데 굉장히 무서워하더라고요. 그 아이의 아빠가 "야, 다른 아이들은 혼자서도 씩씩하게 잘 타는데 너는 왜 그렇게 겁이 많아?"라고 하면서 밀어주지 않고 옆에 서 있더군요.

물론 부모로서 그분의 마음을 저도 100% 이해합니다. 아이가 다른 또래 남자아이들처럼 혼자서도 씩씩하게 잘하지 못하는 게 안타까우셨겠죠. 그런데 아이에게 그런 식으로 말하는 게 과연 아이를 위한 걸까, 아이에게 좋을까 생각해보면 그렇지만도 않다고 봅니다. 그렇다고 저의 경우처럼 혼자 못하는 아이를 도와주는 게 정답이라고 할 수는 없겠지만요.

뭐가 좋은 건지, 뭐가 정답인 건지 알기 힘든 면이 있네요.

최명기　　나이에 따라 달라지는 것 같습니다. 아이가 혼자서 할 수 없는 게 있다면 문자 그대로 할 수 없는 거예요. 할 수 없는데 강요한다고 한순간에 잘하게 되진 않습니다.

아이에겐 보통 3가지 특성이 있습니다. 그 때문에 진득하게 공부만 하기 힘들어요.

첫째로 활동성이 높아요. 가만히 앉아 있으면 힘들죠. 그러니 부모는 아이의 활동성에 맞는 과제를 줘야 해요. 아이가 한시도 가만히 앉아 있기 힘들 정도로 활발한데 억지로 앉아 있게 하는 건 맞지 않죠. 반대도 마찬가지고요.

다만 아이의 고高 활동성은 초등학교 5학년에서 고등학교 2학년 사이에 70% 정도 줄어듭니다. 그러니 아이의 활동성이 최고치일 때 아이의 성향을 제대로 파악하지 못하고 무작정 제어하려고만 하면 부모와 자식의 관계는 틀어질 뿐이죠.

두 번째는 충동성이에요. 참을성이 없는 겁니다. 그러니 지겨운 걸 억지로 하라고 해도 하기가 힘든 거예요. 그때는 지겹지 않은 건 열심히 하고 지겨운 건 덜해도 된다고 말해도 좋다고 생각해요.

세 번째는 부주의예요. 해결이 안 되는 문제죠. 집중하기가 힘들기 때문에 아무리 열심히 공부해도 머리에 남지 않아요. 그러니 아이는 나름대로 열심히 공부한다고 하는데 그럴수록 패배감이 들고 스스로를 무능력하다고 자책하기도 하고 결국 자기가 잘하는 게 아무것도 없다고 생각하는 겁니다.

아이의 보편적 특성

특성 1	활동성
특성 2	충동성
특성 3	부주의

결국 아이의 능력과 성향에 따라 부모가 아이에게 적응해야 해요. 잘하는 건 해야겠지만 잘 안 되는 걸 억지로 하게끔 해서 나쁜 기억을 갖게 할 필요는 없다고 생각합니다.

이헌주   **부모가 아이에게 해줄 수 있는 게 그리 많지 않다는 걸 깨달아야 합니다.** 아이를 낳으면 뭐든 다 해줄 수 있을 것 같아요. 그런데 아이가 공부를 잘못한다고 해서 부모가 문제를 대신 풀어줄 수도 없고, 아이가 친구가 많지 않다고 해서 부모가 친구를 대신 데려올 수도 없죠.

물론 어떻게든 해줄 수는 있겠지만 아이에게 하등 도움이 되지 않을 겁니다. 결국 해줄 수 없는 거예요. 그러니 부모가 아이에게 해줄 수 있는 건 아이가 넘어져서 울고 있을 때, 아이가 낙담해 멍하니 있을 때 옆에 머물러주는 겁니다. 그게 부모가 아이에게 해줄 수 있는 최선이죠.

최명기   **결국 부모는 아이에 대한 욕심을 비워야 합니다.** 욕심을 비운다는 건요.

첫째로 지금 부모와 아이의 행복이 100%라면 미래는 불확실합니다. 그럴 때 100%를 따라가는 게 옳다고 봐요. 그러니 지금 행복한 아이를 불행하게 만들면 안 된다는 거죠. 아이에게 어느 정도의 과제를 부여할 순 있겠으나 그 과제가 아이를 슬프게 하고 불행하게 한다면 당장 멈춰야 합니다.

두 번째로 아이를 아무리 훌륭하게 키워 성공했다고 해도 부모를 미워하면 말짱 도루묵이에요. 의미가 없어요. 그러니 부모를 미워하지 않는 정도의 선을 끝까지 지켜야 해요.

＼ 틀어진 가족 관계 회복하는 법 ／

이헌주　　　　가족에게 받은 상처는 다른 어떤 인간관계에서 얻은 상처보다 클 겁니다. 상처를 치료하려 해도 딱히 방법이 생각나지 않아요. 그래서 아예 가족을 보지 않고 살기도 해요. 가족 행사라도 있으면 참여 자체를 하지 않죠.

저는 그것도 하나의 방법이라고 생각해요. 스스로 생각하기에 가족을 안 봐도 된다고 하는데 굳이 행사에 참석해 혹여 상처가 덧나기라도 하면 오히려 부작용이지 않겠습니까.

그런데 가족과 절연하고 살겠다는 게 아니라 가족에게 받은 상처로 너무 힘들지만 가족이 바뀌지 않을 거라는 걸 잘 아는 상황에서 그럼에도 가족과 어느 정도 잘 지내고 싶다는 분들께 말씀드리자면, 상처를 완벽하게 치료하고 회복하진 못할 겁니다. 그동안에 있었던 모든 걸 다 풀 수는 없다는 거예요.

어느 날 가족 모임에서 아버지가 얘기합니다. "그동안 불만 있던 거 돌아가면서 다 얘기해봐라." 하고요. 마지못해 돌아가면서 한마디씩 하겠죠. 그러면 아버지는 만족해할 것이고요. 그런데 그렇게 한다고 상처가 치료되고 회복되는 경우가 많지 않습니다. 단번에 해결이 되기 힘든 겁니다.

그때는 가족 구성원 중에서 그나마 얘기할 수 있는 사람을 찾아보는 거예요. 설령 그조차 내게 상처를 줬다고 해도 허심탄회하게 얘기할 수 있는 경우가 있을 겁니다.

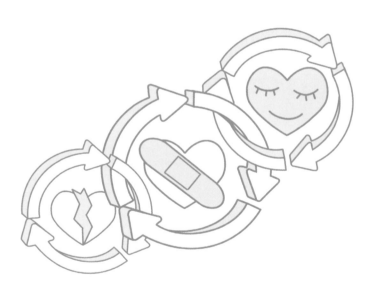

시간에 기대 새로운 순환 고리를 만들어
상처를 치료하고 회복한다

지식인사이드: 인간관계 편

그리고 나중에 아버지와 얘기를 나눌 수 있게 되었다고 해도 옛날에 있었던 이야기들을 모두 다 꺼내 풀어내는 게 아니라, 일상 이야기부터 시작하는 거죠. 라포를 형성한 뒤에 천천히 상처에 관한 이야기로 나아가는 게 좋아 보입니다.

우선 현재의 관계부터 다지는 한편 과거의 부정적인 느낌의 얘기가 나오면 거리를 두는 거죠. 시간에 기대 새로운 '순환 고리'를 만든다고도 합니다.

그렇게 새로운 토대가 쌓이면서 서로에 대한 인정과 수용이 늘어나면, 가족에게 받은 상처를 완전히 치료하고 회복하진 못할지라도 어느 정도는 가능하지 않을까 싶어요. 그게 다른 누구도 아닌, 피해를 받은 내가 하는 것이고요.

최명기　　　　　가족 안에선 사랑받고 싶은 사람이 약자예요. 대개 부모가 강자고 자녀가 약자일 거라고 생각하지만 사랑받고 싶은 사람이 부모면 부모가 약자가 되고요, 사랑받고 싶은 사람이 자녀면 자녀가 약자인 겁니다.

하여 약자가 됨으로써 사랑받는 거지 사랑을 뺏을 방법 같은 건 없어요. 부부 사이에서도 마찬가지고요. 우리 모두 행복하게 지낼 때가 언젠가 하면 서로가 서로의 약자가 되었을 때예요. 강자가 된다고 행복해지지 않아요.

그렇기에 자녀가 부모의 사랑을 원할 때는 서로 멀어지는 게 정답일 수 없는 거죠. 다만 그땐 생각이 바뀌어야 해요. '나는 더이상 당하는 존재가 아니다' '나는 부모를 이해하고 그들의 한계를 인정한다' 하여 내가 다른 쪽으로 선택할 수도 있었는데 부모의 사랑을 받고 싶기 때문에 좀 당해줄 거예요.

부모도 마찬가지예요. 아이가 마음에 들지 않지만 아이의 사랑을 받고 싶어요. 그러면 나를 낮추고 속이 부글부글 끓어도 용서해줘야 해요.

제가 생각하는 관계의 회복, 가족에게 받은 상처를 치료하기 위해 가장 중요한 건 **사랑받고 싶은 사람이 약자이고 약자가 움직일 수밖에 없는 진실을 인지하는 거예요**. 자못 슬픈 사실이지만 인지하고 넘어가지 않으면 관계가 회복되는 건 요원한 일일 겁니다.

이현주　　자녀로서 부모한테 상처가 많음에도 불구하고 새로운 토대를 형성하면서 관계를 풀어나가려는 것, 부모로서 자녀한테 화나는 게 많음에도 불구하고 역시 새로운 토대를 형성하면서 관계를 풀어나가려는 것 자체에서 희망이 엿보인다고 생각합니다.

제가 가족 치료로 많은 분을 만나면서 느낀 게 뭐냐 하면, 심각한 갈등으로 흔들리는 가족이라도 서로 미워하는 마음보다 사랑하는 마음이 훨씬 더 크다는 사실이에요.

'내가 왜 널 낳았을까' 하고 생각할 정도로 아이를 원망하는 부모가 있었어요. 제가 "아이를 어떤 마음으로 낳으셨냐."라고 물었죠. 그러곤 예전의 마음과 지금의 마음을 비교하며 탐구하기 시작했어요.

그분도 알고 있었습니다. **사랑해서 아이를 낳았다는 것을요. 아이와의 만남은 사랑에서 시작되었다는 거죠.** 아이에게 갖고 있던 정서를 충분히 인식하고 작게라도 표현해본다는 건 다시금 가족을 치유하는 첫 걸음일 수 있습니다.

인간관계 *Key Point*

♟ 부모는 아이에 대한 조망 수용 능력이 필요하다
♟ 부모가 아이에게 해줄 수 있는 게 많지 않다는 걸 인지하라
♟ 아이의 능력과 성향에 따라 부모가 적응해야 한다

인간관계 처방전

네 번째

무례한 사람을 가볍게 상대하는 기술

× 상대를 수용하고 이해한다는 관점 자체가 결여된 사람들이 있다

× 무례한 상대에게 아무런 피드백을 건네지 않는 것도 방법이다

× 무례한 사람에게 표적이 되는 경우 내게 틈이 있지 않다는 걸 보여줄 필요가 있다

× 무례한 상대의 무례를 수용하지 않고 튕겨버리는 방법도 있다

× 되물어보고 웃음기 없이 쳐다보며 아주 짧게 말을 건네는 3단계 대처법이 있다

× 갈등은 눈에 보이지 않는 걸 존중받고 싶을 때 일어날 수 있다

반드시 멀리해야 할 인간 유형

× 인간관계는 어느 한쪽에게라도 매우 힘들면 과감히 놔버려야 한다

× 반복적으로 나를 무시하는 사람은 웬만하면 끊어내는 게 좋다

× 복수심이 강한 사람은 웬만하면 끊어내고 멀어지는 게 좋다

× 내게 욕을 한다거나 나를 학대하거나 하지 않는 이상, 아무도 없는 것보다 누구라도 있는 게 나을 수 있다

× '나 아니면 안 돼'라는 생각으로 관계를 이어가는 건 건강하지 않다

- × 나를 지지하는 사람이 있어야 내가 좀 더 현명한 결정을 할 수 있고 나쁜 관계를 끊어버리는 용기를 낼 수 있다
- × 누군가를 봤을 때 '두 발로 똑바로 서 있다면' 놓치지 말고 다가가 꼭 친해져야 한다
- × 너무 무례하게 굴어 괴로움에 치를 떨 정도면 한 번쯤 참지 않고 대항해볼 필요가 있다

화목한 가족 관계를 맺는 비결

- × 가족 사이에 너무 힘들다고 느끼면 거리를 두고, 사랑이 필요하다고 느끼면 거리를 좁힐 필요가 있다
- × 가족 관계는 어떤 특성을 가졌는지 상관없이 서로 틀어질 수 있다는 걸 인지해야 한다
- × 정원처럼 가족 역시 매일매일 쉼 없이 신경 쓰고 관리해야 한다
- × 자신이 더 희생하면서 참고 인내하고 있다고 생각하는 순간이 공평한 순간이다
- × 다툼이 많은 가족보다 서로 무관심한 가족이 더 나을 수 있다
- × 앞뒤 없이 가까이 다가가려는 게 아니라 서로의 거리를 상정하고 관계를 돌아보려는 노력이 필요하다
- × 아이의 뜻이 공부가 아닌 다른 데 있다면 부모가 막을 권리는 없다
- × 아이가 좋아하는 게 무엇이고 또 잘하는 게 무엇인지 아는 '조망 수용 능력'이 필요하다
- × 부모가 아이에게 해줄 수 있는 게 많지 않다는 걸 깨달아야 한다
- × 현재의 관계부터 다지는 한편 과거의 부정적인 얘기가 나오면 거리를 둬야 한다
- × 사랑받고 싶은 사람이 약자이고 약자가 움직일 수밖에 없는 진실을 인지해야 한다

지식인사이드: 인간관계 편

초판 1쇄 발행 2025년 2월 14일
초판 2쇄 발행 2025년 2월 17일

지은이 | 최명기 한석준 이헌주
기획 | 어썸엔터테인먼트 주식회사
일러스트 | 이유정
펴낸곳 | 믹스커피
펴낸이 | 오운영
경영총괄 | 박종명
편집 | 김형욱 최윤정 이광민
디자인 | 윤지예 이영재
마케팅 | 문준영 이지은 박미애
디지털콘텐츠 | 안태정
등록번호 | 제2018-000146호(2018년 1월 23일)
주소 | 04091 서울시 마포구 토정로 222 한국출판콘텐츠센터 319호(신수동)
전화 | (02)719-7735   팩스 | (02)719-7736
이메일 | onobooks2018@naver.com   블로그 | blog.naver.com/onobooks2018

값 | 20,000원
ISBN 979-11-7043-612-6   03180